AU THÉÂTRE

Présentation, itinéraires de lecture et notes
par Jacky Simon

HACHETTE

Ce recueil comprend sept textes :

- Jean Tardieu, *Le style enfantin ou La mort et le médecin, Esquisse comique*, © Éd. Gallimard.

- Roland Dubillard, *La pluie*, extrait de *Les diablogues et autres inventions à deux voix*, © L'Arbalète, Marc Barbezat Éditeur.

- Eugène Ionesco, *L'appel, Avoir ou ne pas avoir quelque chose, Divers, Agence de voyages*, extraits de *Exercices de conversation et de diction françaises pour étudiants américains*, dans *Théâtre V*, © Éd. Gallimard.

- François Servais, *Au théâtre comme au théâtre*, © Yoland Simon.

Dans la même collection :

Le proverbe et autres nouvelles.
Le rire du robot dans les champs magnétiques.
50 poèmes.
L'autruche et autres contes.
Les clochards et autres nouvelles.
Bêtes et plantes étranges.
Un cœur simple, conte de Flaubert.
Contes et nouvelles de Noël.
Histoires d'amour.

Couverture : maquette de Sophie Coulon, dessin de Kolette.

ISBN 2.01.012903.2

© HACHETTE 1988, 79, boulevard Saint-Germain - F 75006 Paris.

Présentation

Jacky Simon

Un écrivain célèbre, dont j'ai oublié le nom, offrit un jour à sa concierge, madame Suzanne Lemercier, un billet pour l'une de ses pièces qui remportait un grand succès auprès de quelques Parisiens. Madame Lemercier acheta une robe et des chaussures neuves et, pour faire plaisir au génie du quatrième étage, assista à la représentation.

La pièce racontait l'histoire d'un homme d'affaires qui séduisait une jeune fille. Madame Lemercier reconnut son mari dans le personnage d'un employé minable, admira les velours et les dorures de la salle, souffrit des pieds et s'ennuya un peu.

Le lendemain, l'auteur s'arrangea pour la croiser dans l'escalier et lui demanda si elle avait passé une bonne soirée. La question était délicate, madame Lemercier aussi, mais les mots pour mentir ne viennent pas aisément à l'esprit des concierges dans les escaliers. Madame Lemercier laissa parler son cœur.

— Elle est bien, votre pièce... Elle est bien... Mais ce n'est pas du théâtre !

L'auteur ne s'attendait pas à une telle assurance de la part d'un être simple, chargé de balayer devant sa porte et de lui remettre, chaque matin, les lettres de ses admirateurs.

— Ah !... Et... qu'est-ce que c'est, pour vous, le théâtre, madame Lemercier ?

— Le théâtre, Monsieur, c'est une Reine qui a des malheurs et qui meurt !

L'auteur trouva que sa concierge manquait de goût. Il avait tort. Shakespeare et Victor Hugo étaient du même avis qu'elle.

Si vous aimez, comme madame Lemercier, voir pleurer les reines, ce petit livre n'est pas pour vous. Il n'est pas pour vous, non plus, si vous aimez, comme l'une de mes ennemies, les spectacles sublimes qui durent plus longtemps que la noce de madame Bovary et racontent l'histoire du monde en soixante-quatorze tableaux entrecoupés de sandwiches au gruyère. Il n'est pas pour vous, enfin, si vous appartenez, comme l'un de mes amis, à la catégorie des snobs cultivés qui n'aiment pas le théâtre.

En revanche, si vous préférez le rire aux larmes, si vous avez du goût pour la liberté, si vous cherchez une pièce drôle et facile à jouer, si vous voulez découvrir quelques aspects du théâtre français contemporain, poursuivez votre lecture, sautez cette présentation qui ne sert à rien et allez droit aux textes : ils sont faits pour vous.

Les sept pièces qui vous sont proposées sont représentatives d'un certain théâtre d'aujourd'hui. Comédies très courtes — voire de simples sketches — de style théâtre de poche, radio, café-théâtre et comportant peu de rôles, elles ne prennent au sérieux ni le langage, ni les situations, ni les personnages, «pour le plus grand bien de la force théâtrale », comme le dit Ionesco. Et l'humour, qui permet la satire, fait découvrir bien des vérités.

Dans *Le Style enfantin*, de Jean Tardieu, vous verrez un auteur se déguiser en enfant pour mieux ridiculiser les adultes et nous faire entendre «la danse absurde des mots en liberté».

La Pluie, de Roland Dubillard, met en scène deux personnages étranges qui poursuivent, sans rire, une discussion absurde sur l'eau qui coule et l'eau qui tombe.

Eugène Ionesco, dans la tradition de *La Cantatrice chauve*, vous offre quatre leçons de français pleines de bouffonnerie, intitulées, le plus sérieusement du monde : *Exercices de conversation et de diction françaises pour étudiants américains.*

Enfin, c'est dans un café que se déroule la pièce de François Servais, Au théâtre comme au théâtre. Un Fou transforme les clients en roi, en reine, en courtisans, en amoureux et le jeu de masques commence...

Par leur dimension, leur sujet, leur ton, ces pièces conviennent parfaitement, si l'on en croit Jean Tardieu, « aux jeunes troupes, aux théâtres marginaux, aux amateurs, aux étudiants, même aux lycéens ». Si vous êtes jeune, marginal, amateur, étudiant ou lycéen, ne le prenez pas mal. Racine écrivit *Esther* et *Athalie* pour les Demoiselles de Saint-Cyr qui l'étaient aussi.

Une pièce de théâtre est faite pour être jouée. Elle ne se termine pas avec le mot FIN. Elle s'achève avec les derniers applaudissements des spectateurs. Elle nécessite des interprètes, un metteur en scène, des costumes, des décors, des éclairages, une scène, un public. Puissance et fragilité du théâtre : c'est l'interprétation qui donne aux personnages toute leur vie, aux répliques toute leur force, aux œuvres tout leur sens.

L'avare Harpagon sort une bourse de sa poche. Maître Jacques tend la main. Harpagon tire un mouchoir de la bourse et se mouche... Ce jeu de scène que Molière nous a transmis n'est pas indiqué dans la pièce, mais il en fait partie.

Les plus grands auteurs dramatiques ont tous été d'excellents comédiens. On ne peut pas faire voir des personnages différents et faire entendre plusieurs langages, si l'on ne sait pas, soi-même, déguiser son visage et sa voix. Shakespeare et Molière étaient acteurs, Corneille, avocat, Racine, courtisan, Giraudoux, diplomate, et le silence

austère de Beckett est la plus belle composition dramatique du siècle. Quant à Ionesco, je l'ai vu jouer le rôle
d'un vieux poète dans une pièce de Virginia Woolf. On
lui avait accroché au menton une fausse barbe de coton
et il lisait son texte avec la plus grande difficulté. Il était
si mauvais que l'on se demandait s'il n'était pas excel-
lent. C'est peut-être là tout le secret de son art.

On ne peut donc pas lire une pièce de théâtre comme
on lit un récit. Il faut imaginer des personnages qui ne
sont pas décrits, des mouvements qui ne sont pas préci-
sés, des grimaces qui ne sont pas dépeintes. Le lecteur
doit se faire acteur, metteur en scène, spectateur, et la
vraie lecture de théâtre est une lecture à voix haute.
L'exercice est amusant et difficile. On lit peu de théâtre.

Les notes, les itinéraires de lecture et les corrigés sont
faits pour vous aider dans cette lecture active, condui-
sant à l'interprétation. Ils constituent un guide que vous
pouvez suivre. Certains l'utiliseront plus librement
comme un commentaire.

Chaque itinéraire comprend une notice sur l'auteur et
propose une progression en quatre étapes.

• **La découverte du texte** invite à prendre contact
avec la pièce, un peu comme on regarde et touche un vête-
ment avant de l'essayer.

• **L'exploration du texte** est une lecture, suivie d'une
sorte de promenade attentive, visant à une meilleure
compréhension.

• **La réflexion sur le texte** permet de découvrir, de
manière personnelle, l'intérêt de l'œuvre.

• Enfin, **l'interprétation du texte** envisage la pièce,
de manière pratique et détaillée, sous l'angle du jeu et
de la représentation.

Vous pourrez aller plus loin dans cette direc-
tion, grâce à la cassette d'accompagnement qui comprend

des enregistrements d'extraits et des exercices de diction. Ils vous permettront d'apprécier les possibilités dramatiques de chaque texte et de mettre au point votre propre interprétation.

Le style enfantin
ou
La mort et le médecin
Esquisse comique

Jean Tardieu

Personnages

LE PRÉSENTATEUR	LA DAME DU MÉTRO
MONSIEUR	LE DOCTEUR
MADAME	LE CONTRÔLEUR

LE PRÉSENTATEUR : L'auteur de la petite comé-   1
die que voici est supposé être un enfant. Un petit
garçon de huit ou neuf ans, futé et inventif.

Sa pièce, il l'a écrite à son idée. Avec toutes les naïvetés de son âge. Mais, comme il est despotique avec   5
ses parents, il leur a demandé de la jouer, devant lui,
avec quelques-uns de leurs amis.

Ainsi, l'auteur-enfant, accompagné de quelques jeunes invités, assistera au spectacle, né de son imagination elliptique ! Il verra les grandes personnes   10
incarner ses élucubrations et échanger ses répliques
puériles avec le plus parfait naturel, comme s'il s'agis-
sait de l'œuvre d'un adulte.

Que vaut-il mieux pour des acteurs : jouer de façon
15 enfantine un texte sérieux ou bien interpréter avec
sérieux un texte naïf ?

A vous de juger.

La pièce est jouée dans une quelconque salle à manger.
Au théâtre ou à la télévision, les décors successifs peu-
20 *vent être indiqués par des pancartes, rédigés avec une*
écriture enfantine, que l'on présente au début de cha-
que scène.
A la radio, une voix annonce les lieux de l'action : « A
la maison, le matin », « Au métro », etc.

I. *A la maison, le matin*

25 MADAME : Où vas-tu ?

MONSIEUR : Au bureau.

MADAME : Encore ! Tu y es déjà allé hier !

MONSIEUR : Non, hier je n'ai pas eu le temps :
j'étais occupé à être malade.

30 MADAME : Comment te sens-tu aujourd'hui ?

MONSIEUR : Comme tu voudras.

MADAME : Je veux que tu sois malade.

MONSIEUR : Bien entendu, je serai malade ce soir !
Mais maintenant, il faut que je sorte.

35 MADAME : Prends garde aux rues barrées.

MONSIEUR : Elles ne sont pas bien barrées, il suffit
de faire le tour.

MADAME : Tu n'emportes pas ton chien ?

MONSIEUR : Je l'ai dans ma poche.

MADAME : Et les enfants ?

MONSIEUR : Ils sont au garage, pour la réparation. Allons, au revoir (*regardant sa montre*). Je suis en retard.

MADAME : Tiens voilà une autre montre (*elle lui donne un bout de papier*).

MONSIEUR, *le regardant* : Parfait, elle est en avance. Je l'emporte. Adieu, à ce soir.

MADAME : A ce soir.

II. *Au métro*

MONSIEUR, *devant le guichet* : Madame, je voudrais un ticket.

LA DAME : Monsieur, malheureusement, je n'ai plus que de vieux tickets.

MONSIEUR : Ça ne fait rien. Donnez-m'en un. C'est combien ?

LA DAME : Mille francs.

MONSIEUR : Ça n'est pas cher. Voilà mille francs.

LA DAME : Merci. Mais je ne sais pas quand le métro partira.

MONSIEUR : Ah ! Il est arrêté ?

LA DAME : Oui.

MONSIEUR : Pourquoi ?

LA DAME : A cause de la pluie.

MONSIEUR : Mais il fait pourtant un beau soleil !

LA DAME : Ça ne fait rien. C'est le soleil des jours
65   de pluie.

MONSIEUR : Ah, je comprends. Alors je vais atten-
    dre. On va faire la conversation tous les deux.

LA DAME, *battant des mains* : Oh! C'est ça. Vous
    aimez parler cuisine?

70 MONSIEUR : Oh, beaucoup, j'ai tout le temps faim.

LA DAME : Moi aussi. Qu'est-ce que vous pensez
    de la crème au vinaigre?

MONSIEUR : Très bon, très bon, j'en mange à cha-
    que repas, avec de la queue de rat.

75 *Le chef de train passe, sonne dans une trompette d'enfant*
et crie : « Aujourd'hui jour sans métro, aujourd'hui jour
sans métro. »

LA DAME : Ah! c'est vrai, j'oubliais. Il n'y a pas de
    métro aujourd'hui.

80 MONSIEUR, *contrarié* : C'est ennuyeux, comment
    est-ce que je vais faire pour aller à mon bureau?

LA DAME : Prenez le métro Semblant.

MONSIEUR : Il passe souvent?

LA DAME : Toutes les cinq minutes. Tenez en voilà
85   un!

MONSIEUR : Bon, je le prends. Alors à ce soir?

LA DAME : A ce soir. Quelle est votre adresse?

MONSIEUR : Je n'en ai pas. Ça ne fait rien. Venez
    quand même. C'est à gauche.

90 LA DAME : Entendu. Au revoir, monsieur!

MONSIEUR : Au revoir, madame!

Ils s'embrassent.

III. *A la maison, le soir*

*Monsieur est assis dans un fauteuil à roulettes, couvert
de couvertures, les pieds sur une chaise, l'air très malade.
Madame lui tend un verre.*   95

MADAME : Mon pauvre mari ! Je te l'avais bien dit
    ce matin que tu serais malade. Tiens, prends ce
    remède.

MONSIEUR : Il est très bon ton remède. C'est toi qui
    l'as fait ?   100

MADAME : Oui, avec du vin, un peu de beurre,
    de la salade cuite, et aussi du sable, naturel-
    lement.

MONSIEUR : C'est tout à fait ce qu'il me fallait.

MADAME : Maintenant, dors ! Je m'en vais cinq   105
    minutes.

*Monsieur fait semblant de ronfler, puis rejette ses cou-
vertures, se lève, va à sa table et fait semblant d'écrire.*

MADAME, *revenant* : Je te croyais malade ?

MONSIEUR : Oui, oui. Je serai malade quand le Doc-   110
    teur arrivera.

MADAME : Alors qu'est-ce que tu fais ?

MONSIEUR : J'écris des vers.

MADAME : Encore ?

MONSIEUR : Mais ce ne sont pas de vrais vers.   115

MADAME : Ah, bon ! Alors viens plutôt jouer avec
    moi !

MONSIEUR : A quoi ?

MADAME : A faire la cuisine. Tu sais bien que tu
    as invité la Dame du Métro !   120

MONSIEUR : C'est vrai. Qu'est-ce qu'on va manger ?

MADAME (*elle réfléchit*) : Eh bien, une soupe, pour
    commencer...

MONSIEUR : Oui, une soupe. Tiens voilà des carot-
125   tes... des poireaux... des pommes de terre... (*Il
    lui tend successivement un crayon, une paire de
    lunettes et un mouchoir.*)

MADAME : Bien, on va les faire cuire. (*Elle pose le
    tout sur une chaise, fait semblant d'allumer le feu.*)
130   Ça y est. Ils sont cuits.

MONSIEUR : Oui. Mais il faut aussi de la viande.

MADAME : J'ai des tickets.

MONSIEUR : Tant mieux. Tu vas voir. Il n'y a qu'à
    les poser sur le feu... Et voilà trois biftecks. (*Elle
135   pose les bouts de papier sur une table.*)

On sonne.

MADAME : Tiens, le Docteur ! Recouche-toi vite !

MONSIEUR : C'est vrai, je suis si malade !

Il s'assied et se recouvre d'une couverture.

140 MADAME, *à la cantonade* : Bonjour, docteur.

LE DOCTEUR, *entrant* : Bonjour, madame.
    Permettez-moi de vous embrasser.

MADAME : Attention à mon indéfrisable !

LE DOCTEUR : N'ayez pas peur, je m'y connais.

145 *Ils arrivent près du malade la main dans la main.*

LE DOCTEUR : Alors, monsieur, qu'est-ce qu'il y a ?

MONSIEUR : Je suis malade, docteur. J'ai pris froid
    au bureau.

LE DOCTEUR : Ah ! ah ! c'est très dangereux, le
150   bureau. Voyons, voyons, vous avez de la tempé-
    rature ?

MADAME : Oh ! oui, docteur, il a de la fièvre, depuis
    tout à l'heure.

LE DOCTEUR : Faites voir votre main... Tiens, elle
  est bien sale. Vous vous lavez souvent ? 155
MONSIEUR : Pas souvent, docteur, il n'y a plus de
  savon.
LE DOCTEUR : C'est juste. C'est juste. Et votre
  langue ?
Monsieur tire la langue. 160
LE DOCTEUR : Un peu noire, je parie que vous avez
  mangé de la réglisse ?
MONSIEUR : Oui, docteur, j'achète de la réglisse au
  bureau.
LE DOCTEUR : Ah ! ah ! décidément très dangereux, 165
  très dangereux ce bureau ! Comment vont vos
  pieds ?
MONSIEUR, *montrant ses pieds sous la couverture* : Ils
  vont bien. Merci.
LE DOCTEUR : Tiens ! Ils sont aussi sales que vos 170
  mains !
MONSIEUR : C'est à cause des chaussures.
LE DOCTEUR : Oui, mais c'est mauvais. Ça doit être
  la rougeole. Vous souffrez d'un symptôme !
MADAME : Qu'est-ce que c'est que ça, un 175
  symptôme ?
LE DOCTEUR : C'est une grave maladie, une mala-
  die grave. On en meurt.
MADAME : Mon Dieu, docteur ! Est-ce possible ?
On sonne. 180
MADAME : Tiens ! Qui est-ce qui peut sonner à
  cette heure-ci ? (*A la cantonade* :) Entrez quand
  même !
LA DAME DU MÉTRO, *entrant* : Bonjour tout le
  monde ! Je ne vous dérange pas ? 185

MONSIEUR : Du tout. (*A sa femme* :) C'est la Dame
du Métro qui vient dîner avec nous.

MADAME : Asseyez-vous donc. Le Docteur achève
mon mari. Je suis à vous dans un instant.

190 LA DAME DU MÉTRO, *ricanant* : Ne vous pressez
pas. J'attendrai. (*Elle s'assied.*)

LE DOCTEUR : Bon! Alors je vais vous faire une
ordonnance. Avez-vous du papier?

MADAME, *apportant une plume et du papier* : Tenez,
195   docteur.

LE DOCTEUR, *s'installant à la table et écrivant* : Voici
le régime : «Un bouillon de légumes toutes
les deux heures, une promenade en chevaux de
bois le matin à jeun, trois fois par jour un
200   cataplasme composé de charbon, de plâtre et de
fromage de gruyère. Éviter le bureau. Rester
allongé ou debout, selon les cas. Se laver les
mains et les pieds avant chaque repas.» Voilà,
c'est tout.

205 MONSIEUR : Merci, docteur. Je vous dois combien?

LE DOCTEUR : Cent mille francs!

MONSIEUR : Bien! Les voici. (*Il lui donne un bout
de papier.*)

LE DOCTEUR : Merci et au revoir. Je reviens dans
210   une heure voir si ça va mieux.

MADAME : Je vous accompagne, docteur.

Ils sortent.

MONSIEUR, *rejetant ses couvertures* : Chère Dame du
Métro! Je vous ai fait venir parce que je vous
215   aime.

LA DAME DU MÉTRO : Moi aussi! Dépêchons-nous.
Faites-moi un enfant.

MONSIEUR, *s'approchant d'elle et l'embrassant sur la joue* : Tout de suite. Voilà ! C'est un garçon. 220

LA DAME DU MÉTRO : Merci. Ça fera des allocations familiales. On va être riches.

MONSIEUR : Et moi je me sens rudement mieux !

MADAME, *revenant* : Tiens ! Tu n'es plus malade ?

LA DAME DU MÉTRO : Non, il n'est plus malade 225 pour le moment. C'est bien embêtant.

MADAME : Pourquoi ?

LA DAME DU MÉTRO : *Parce que je suis la Mort !* Il va falloir que je revienne !

MADAME, *furieuse* : Comment ? Vous êtes la Mort 230 et vous ne le disiez pas ? Voulez-vous ficher le camp tout de suite !

LA DAME DU MÉTRO : Je m'en vais, mais je reviendrai tout à l'heure. Et nous verrons. (*Elle part en ricanant* :) Ha ! ha ! ha ! ha ! 235

MONSIEUR : Je suis fatigué. Je me recouche.

MADAME : Non, tu n'es pas fatigué.

MONSIEUR : Si !

MADAME : Non !

MONSIEUR : Si ! 240

MADAME : Non !

MONSIEUR : Si !

MADAME : Alors, viens au cinéma avec moi !

MONSIEUR : Bonne idée. Où ça ?

MADAME : Ah ! ah ! tu vois bien que tu n'es pas 245 fatigué !

MONSIEUR : Je ne suis pas fatigué pour aller au cinéma, mais je suis fatigué pour rester ici.

On sonne.

250 MADAME : Je parie que c'est le docteur. Attends !
    J'ai une idée. Recouche-toi !

MONSIEUR : Je te le disais bien. (*Il s'assied dans le
    fauteuil et tire la couverture sur lui.*)

MADAME : Entrez !

255 LE DOCTEUR, *entrant* : Ah ! comment va mon
    malade ?

MONSIEUR : Très mal, docteur ! J'ai les pieds de
    plus en plus sales !

LE DOCTEUR : Mauvais, ça, très très grave !

260 MADAME : Je crois qu'il va mourir.

LE DOCTEUR : Ça se pourrait bien.

MADAME : Docteur, mon pauvre mari veut vous
    demander quelque chose avant de mourir.

LE DOCTEUR : Volontiers, quoi donc ?

265 MADAME : Il voudrait jouer au médecin.

LE DOCTEUR : Rien de plus facile. Je lui ap-
    prendrai.

MADAME : Bon ! Alors, lève-toi, mon mari.

MONSIEUR, *geignant* : Eh là là, mon Dieu. Comme
270   je suis fatigué.

MADAME : Fais un effort. (*Monsieur se lève.*) Bien.
    Maintenant, docteur, couchez-vous à sa place,
    pour lui donner sa leçon de médecin !

LE DOCTEUR, *obéissant* : C'est tordant ! Moi qui ne
275   suis jamais malade ! (*A Monsieur :*) Allons !
    Prenez-moi la main.

MONSIEUR, *lui prenant la main* : Qu'est-ce que je
    dois faire ?

LE DOCTEUR : Dites : un, deux, trois, quatre, cinq !

280 MONSIEUR : Un deux trois quatre cinq six sept huit
    neuf dix !

LE DOCTEUR : Bon! Vous savez compter. Vous ferez un bon médecin. Maintenant, regardez ma langue! (*Il tire la langue.*)

MONSIEUR, *regardant de près* : Oh, je vois une petite bête sur le bout de votre langue.

Le docteur acquiesce en grommelant.

MONSIEUR : Je vais faire l'opération. (*A sa femme :*) Mademoiselle, donnez-moi une pince à sucre.

A ce moment on sonne trois fois, longuement et lugubrement.

MADAME : C'est la Dame du Métro. (*A la cantonade :*) Entrez, on vous attendait!

LA DAME DU MÉTRO, *entrant, une couronne de fleurs à la main* : Je savais bien qu'il n'en avait plus pour très longtemps. Je viens le chercher pour l'emmener au cimetière, puisque je suis la Mort.

MADAME : Je vous en prie! Je serai bien débarrassée! C'était un vilain mari, il faisait des enfants à toutes les dames.

LA DAME DU MÉTRO : Je le sais bien, il m'en a fait un tout à l'heure! Allons! Au cimetière!

Elle écarte Monsieur, pose les fleurs sur les genoux du Docteur.

LE DOCTEUR, *furieux* : Mais je ne suis pas le malade, je suis le médecin!

LA DAME DU MÉTRO : Ça ne fait rien! Vous êtes mort, on va vous enterrer. Pourvu que j'emporte quelqu'un, moi, ça m'est égal. Allons, venez! Au revoir!

Elle disparaît dans la coulisse en poussant devant elle le fauteuil avec le docteur qui se débat.

MONSIEUR, *à sa femme* : Tant pis pour le Docteur,
315   bon débarras ! Et toi qui voulais que je sois méde-
        cin ! Tu vois comme c'est dangereux !

MADAME, *furieuse* : Comment ! Tu es sauvé grâce
        à moi et c'est comme ça que tu me remercies !
        A nous deux, mon petit bonhomme ! Tu vas des-
320   cendre la boîte à ordures, tu vas faire la vaisselle,
        tu feras le dîner, je mangerai le poulet et toi tu
        seras privé de dessert !

Notes

Les numéros entre parenthèses renvoient aux numéros des lignes.

(3) **Futé** : intelligent.

(5) **Despotique** : il commande ses parents.

(9) **Imagination elliptique** : ce qu'il invente est parfois étrange parce qu'il n'explique pas tout.

(11) **Incarner ses élucubrations** : jouer la pièce qu'il a imaginée.
Répliques puériles : les phrases enfantines que disent les personnages.

(19) **Successifs** : qui se suivent.

(80) **Contrarié** : il n'est pas très content.

(82) **Le métro Semblant** : un faux métro, que l'on invente pour jouer.

(98) **Remède** : ce que l'on prend lorsqu'on est malade ; un médicament.

(107) **Ronfler** : respirer en faisant du bruit quand on dort.

(140) **A la cantonade** : en s'adressant à tout le monde d'une voix forte.

(143) **Indéfrisable** : elle s'est fait friser les cheveux chez le coiffeur.

(150) **Température** : souvent, lorsque l'on est malade, la chaleur du corps augmente : on a de la température.

(152) **Fièvre** : forte température.

(162) **Réglisse** : sucrerie de couleur noire.

(174) **Rougeole** : maladie qui donne des taches rouges sur la peau.
Symptôme : non pas une maladie, mais ce qui montre que l'on est malade (rougeur, fièvre, boutons, etc.).

(188) **Achève mon mari** : finit d'examiner mon mari.

(197) **Régime** : ce que le malade doit manger.

(199) **A jeun** : lorsque l'on n'a pas encore mangé.

(200) **Cataplasme** : sorte de pansement que l'on se met sur la peau.

(221) **Allocations familiales** : l'argent que les parents reçoivent pour élever leurs enfants.

(223) **Rudement mieux** : beaucoup mieux.

(231) **Ficher le camp** *(familier)* : partir.

(235) **En ricanant** : en riant méchamment.

(264) **Volontiers** : bien sûr ; avec plaisir.

(269) **Geignant** : d'une voix faible, en poussant des petits soupirs.

(274) **Tordant** *(familier)* : très amusant.

(287) **Acquiesce en grommelant** : murmure « oui... oui... » entre ses dents, mais on ne comprend pas ce qu'il dit.

(290) **Lugubrement** : d'une manière qui fait penser à la mort.

(294) **Couronne de fleurs** : des fleurs disposées en rond que l'on pose sur les tombes.

(297) **Cimetière :** l'endroit où sont enterrés les morts.
(312) **Coulisse :** les coulisses sont les deux côtés et l'arrière de la scène
      cachés aux spectateurs.
(313) **Se débat :** essaie de se sauver.
(319) **A nous deux :** Attention ! Tu vas m'obéir, maintenant !

La pluie

Roland Dubillard

UN : Je ne la supporte pas.   1

DEUX : Pourquoi ?

UN : Je ne sais pas.

DEUX : Vous avez toujours été comme ça ?

UN : Depuis tout petit.   5

DEUX : Et vous n'avez jamais essayé ?

UN : De sortir sous la pluie ? Si, plusieurs fois. Mais
je ne supporte pas.

DEUX : Question d'éducation. Vos parents auraient
dû vous forcer.   10

UN : Non. C'est plutôt une question de tempérament. Vous-même, il y a sûrement des choses que
vous ne supportez pas.

DEUX : Bien sûr. Le feu, par exemple. A aucun prix
je ne me promènerais dans une forêt qui flambe.   15
Mais moi, je sais pourquoi.

UN : Ce n'est pas du tout comparable.

DEUX : Non, parce que le feu, même si on m'y
forçait... Tandis que vous, la pluie, si vous
le vouliez vraiment... je suis sûr que vous   20
supporteriez très bien de vous promener dessous.

UN : Oui, bien sûr, comme tout le monde. Simplement je préfère attendre qu'il fasse beau.

25 DEUX : Moi aussi, je préfère attendre qu'il fasse beau !

UN : Mettons que j'ai une préférence exagérée pour attendre qu'il fasse beau.

DEUX : Mais enfin, la pluie, vous avez quelque
30   chose de spécial à lui reprocher, à la pluie ?

UN : Moi, non. Je l'aime bien, la pluie. C'est joli. Ça fait un bruit que j'aime bien. Ça fait du bien aux fleurs. Ce que je n'aime pas, c'est me promener dessous.

35 DEUX : Mais moi non plus je n'aime pas me promener sous la pluie. Faut toujours que vous vous preniez pour quelqu'un d'exceptionnel ! Personne n'aime ça ! Mais tout le monde supporte.

UN : Eh bien moi, j'ai une façon particulière de ne
40   pas aimer ça : je ne supporte pas.

DEUX : Tout ça n'est pas très clair. Voyons. Voulez-vous que nous fassions une petite expérience. Vous êtes dans la campagne. Vous êtes cerné. Vous avez à droite une forêt qui flambe, et à gau-
45   che, il commence à pleuvoir. Qu'est-ce que vous faites ?

UN : J'attends que ça s'arrête.

DEUX : Ça ne s'arrête pas. Il faut choisir. Qu'est-ce que vous choisissez ?

50 UN : Je choisis la pluie. Bien sûr. Mais sans joie.

DEUX : Pourtant, vous m'avez dit que vous l'aimiez bien, la pluie.

UN : Je l'aime bien, oui. Mais de loin.

DEUX : Vous êtes un drôle de type.

UN : Non, je ne suis pas un drôle de type. Il y a des   55
    choses qu'on aime, mais pas de trop près. Le feu,
    par exemple, que vous ne supportez pas, je suis
    sûr que vous l'aimez bien.
DEUX : Bien sûr, je l'aime bien. J'aime bien allu-
    mer ma pipe avec... J'aime bien faire cuire mes   60
    nouilles avec...
UN : Mais vous n'aimez pas vous promener dedans.
    Eh bien moi, la pluie, je n'aime pas me prome-
    ner dessous. C'est pareil.
DEUX : Non, ce n'est pas pareil, le feu. Parce que   65
    le feu ça brûle, figurez-vous. Et à la longue ça tue.
UN : On dit ça aussi de l'alcool. Ça ne vous empê-
    che pas d'en boire.
DEUX : L'alcool, ça tue à la longue, oui ; mais pas
    à la même longue que le feu. Pour le feu, c'est   70
    une longue plus courte.
UN : Une longue plus courte ! c'est vague.
DEUX : Enfin, je veux bien que, le feu et l'alcool,
    c'est pareil, puisqu'ils brûlent tous les deux. Mais
    la pluie, ça ne brûle pas.   75
UN : Non, mais ça mouille.
DEUX : C'est pas la pluie qui mouille, c'est l'eau.
UN : Mais la pluie, c'est de l'eau qui tombe. L'eau,
    pour qu'elle mouille, faut qu'elle tombe. De l'eau
    qui se contente de couler, par exemple, ça ne   80
    mouille pas les gens qui se promènent le long.
DEUX : Oui. Les rivières, pour qu'elles mouillent,
    il faut tomber dedans.
UN : Tomber. Voilà. Pour qu'on soit mouillé, faut
    toujours que quelque chose tombe. Ou bien c'est   85
    l'eau qui tombe sur vous, ou bien c'est vous qui

tombez dans l'eau. Dans les deux cas, il y a une chute... C'est à se demander si ce ne serait pas la chute qui mouille.

90 DEUX : Oui... Mais pas n'importe quelle chute. Que ce soit un pavé, par exemple, qui vous tombe sur la tête, ou que ce soit vous qui tombiez dans la cage de l'escalier, dans les deux cas vous restez sec. Pour qu'une chute mouille, il faut qu'il

95 y ait de l'eau dedans.

UN : Faut que je note ça sur mon carnet. « Pour être mouillé, il faut 1) de l'eau, 2) une chute. » Ça va loin, ça.

DEUX : Je pense bien... Ainsi, ce qui vous dérange
100 dans la pluie, ce n'est pas qu'elle tombe. C'est qu'elle mouille.

UN : Ah, ben : voilà !... — Encore que... attention ! Ça me dérange dans le cas où je me promène dessous. Ce que je ne supporte pas qu'elle mouille,
105 la pluie, c'est moi. Pour le reste, elle peut bien mouiller tout le monde... comme disait Lucrèce, ça m'est égal.

DEUX : Et si la pluie ne mouillait pas, vous accepteriez volontiers de vous promener des-
110 sous.

UN : Certainement. Si elle ne mouillait pas...

DEUX : Bon. Alors ce n'est pas la pluie qui vous gêne.

UN : C'est quoi.

115 DEUX : C'est d'être mouillé.

UN : D'être mouillé, qui me gêne... oui.

DEUX : Par n'importe quoi. Que ce soit la pluie ou autre chose, ça vous est bien égal.

UN : Je crois, en effet. Que ce soit par la pluie ou par autre chose, je n'aime pas être mouillé. 120

DEUX : Alors je suppose que vous ne vous lavez jamais.

UN : Si. Tous les jours.

DEUX : Mais sans vous mouiller.

UN : Si, bien sûr. En me mouillant. Avec de l'eau, 125 je peux pas faire autrement.

DEUX : Alors, vous ne supportez pas ?

UN : Si.

DEUX : Pourquoi ?

UN : Vous avez beau dire. Une douche et une 130 averse, c'est différent.

DEUX : En quoi est-ce différent ?

UN : Une averse et une douche ? Eh bien en ceci, que la douche, je la reçois quand je suis tout nu.

DEUX : Ah bon. Alors, ce que vous n'aimez pas, 135 dans la pluie, c'est qu'elle vous mouille quand vous êtes habillé.

UN : Voilà. Je n'aime pas ça.

DEUX : C'est bizarre. Ainsi, quand vous êtes tout nu, ça vous est égal de vous promener sous la 140 pluie.

UN : Oui. Enfin... je veux dire... En réalité, ça ne m'est jamais arrivé.

DEUX : Jamais ?

UN : Non, jamais. 145

DEUX : Pourquoi ?

UN : Eh bien,... je suppose que c'est à cause de la police...

DEUX : Voilà ! Vous voyez ce qu'on découvre, quand on s'efforce de raisonner un peu. Vous dites : « Je 150

n'aime pas la pluie », et en réalité qu'est-ce que
ça veut dire ? Ça veut dire tout simplement que
vous craignez la police. Il n'y a pas de honte à
ça. Mais pourquoi ne pas l'avoir dit tout de suite ?

155 UN : Que je crains la police ?

DEUX : Puisque c'est ça qui est vrai !

UN : Eh bien, je vous le dis : je crains la police.

DEUX : Oui. Eh bien voilà une vérité qui n'est pas
tellement claire. Car enfin : encore faudrait-il
160   savoir *pourquoi* vous craignez la police...

UN : Attendez, attendez ! La police, je ne la crains
pas continuellement. Je la crains quand j'ai envie
de sortir et que j'aimerais bien sortir tout nu,
parce qu'il pleut.

165 DEUX : Vous craignez la police quand il pleut.

UN : Oui.

DEUX : Et quand il ne pleut plus, elle cesse de vous
faire peur.

UN : La police ? Ben oui... logiquement.

170 DEUX : Alors, rien ne vous empêche de vous promener tout nu quand il fait beau ?

UN : Rien.

DEUX : Ah ha...

UN : Ou plutôt si. Quelque chose encore m'en
175   empêche.

DEUX : Ça ne peut pas être la pluie : nous avons
supposé qu'il fait beau.

UN : Non. Ce doit être encore la police.

DEUX : Encore la police. Vous voyez donc qu'elle
180   vous fait peur même quand il ne pleut pas.

UN : C'est vrai. Qu'il pleuve ou qu'il fasse beau,
c'est pareil, la police me fait peur tout le temps.

DEUX : Et c'est cette peur de la police qui vous
   fait craindre qu'il ne se mette à pleuvoir sur
   vous.   185

UN : Oui. Je crois que vous l'avez démontré. Me
   voilà propre.

DEUX : Finalement, vous aviez sans doute raison :
   vous devez être un peu exceptionnel. C'est drôle
   que la police vous fasse peur, comme ça...   190

UN : Oui. Surtout que je ne crois pas qu'elle le fasse
   exprès.

DEUX : C'est bien ce que je pense. Ça ne vient pas
   d'elle, ça vient de vous.

UN : Non. Parce que si la police n'était pas là, je   195
   n'aurais pas peur de la police.

DEUX : Vous êtes sûr ?

UN : Oui.

DEUX : Vous n'avez pas peur quand la police n'est
   pas là ?   200

UN : Non.

DEUX : En ce moment, par exemple, la police n'est
   pas là...

UN : Non.

DEUX : Hou !   205

UN : Ah ! vous m'avez fait peur.

DEUX : Vous voyez. Vous avez eu peur quand
   même. Pourtant je ne suis pas de la police.

UN : Non.

DEUX : Alors ?   210

UN : Alors...

DEUX : Alors vous avez eu peur parce que...

UN : Parce que...

DEUX : Parce que vous êtes peureux, voilà tout !

215   Pourquoi ne pas l'avoir dit tout de suite, au lieu de faire l'intéressant?

UN : Je ne sais pas... je ne sais pas...

DEUX : Vous ne savez jamais rien.

UN : Je suppose que c'est parce que j'ai honte d'être
220   peureux.

DEUX : Ça se soigne, ça.

UN : Vous croyez?

DEUX : Pourquoi n'achèteriez-vous pas un parapluie, par exemple.

225 UN : Un parapluie! Comme ils en ont dans la police, avec un melon?

DEUX : Non, comme le mien. Où est-ce que je l'ai mis?

UN : Vous n'en avez pas besoin. Il ne pleut plus.
230   Parce que voyez-vous, contre la pluie, il n'y a pas que les parapluies. Il y a aussi la patience.

DEUX : La patience, ça se perd plus facilement qu'un parapluie.

UN : Et pourtant, il en faut, quand on a perdu son
235   parapluie, de la patience. Mais quand vous aurez perdu la patience, c'est pas avec un parapluie que vous la retrouverez.

DEUX : C'est avec quoi, que je la retrouverai, ma patience?

240 UN : Avec de la patience.

Extrait de *Les Diablogues et autres inventions à deux voix*,
© L'Arbalète, Marc Barbezat Éditeur.

Notes

Les numéros entre parenthèses renvoient aux numéros des lignes.

(1) **Je ne la supporte pas :** je ne l'aime pas du tout.

(11) **Tempérament :** caractère, personnalité.

(14) **A aucun prix :** rien ne me ferait changer d'avis.

(15) **Flambe :** en feu.

(27) **J'ai une préférence exagérée :** j'aime tout particulièrement.

(37) **Quelqu'un d'exceptionnel :** qui ne ressemble à personne.

(43) **Cerné :** entouré; prisonnier du feu et de la pluie.

(54) **Un drôle de type** *(familier)* **:** un homme difficile à comprendre.

(61) **Nouilles :** pâtes.

(66) **A la longue :** au bout d'un certain temps.

(80) **Se contente de couler :** qui coule mais ne tombe pas.

(88) **C'est à se demander si :** on pourrait même penser que.

(91) **Un pavé :** une pierre.

(97) **Ça va loin :** c'est une remarque très importante, qui fait réfléchir.

(106) **Lucrèce :** poète latin, auteur du poème *De natura rerum.*

(131) **Averse :** pluie forte et soudaine.

(149) **Quand on s'efforce de raisonner un peu :** quand on essaie de comprendre.

(169) **Logiquement :** normalement; si nous ne nous sommes pas trompés.

(186) **Démontré :** bien expliqué.
      Me voilà propre : me voilà dans une mauvaise situation.. qu'est-ce que je vais devenir?

(193) **Ça ne vient pas d'elle, ça vient de vous :** ce n'est pas la police qui fait peur, c'est vous qui êtes peureux.

(216) **Faire l'intéressant :** essayer de se faire remarquer, d'être original.

(226) **Un melon :** chapeau rond et noir.

Exercices de conversation et de diction françaises pour étudiants américains

Eugène Ionesco

L'appel

Personnages
PHILIPPE, *le professeur*
MARIE-JEANNE, JEAN-MARIE, *les élèves*

PHILIPPE : Bonjour, messieurs ; bonjour, mesdemoiselles. Vous ne répondez pas ? On ne répond pas. Pourquoi ne répondez-vous pas ? Répondez donc. Oh, il est trop tôt, les élèves ne sont pas encore là. Tiens, j'entends leurs pas dans le couloir. Ils arrivent. Ils sont là. Ouvrez la porte. Entrez. Fermez la porte. Avancez. Asseyez-vous. Silence. Je fais l'appel : Jean-Marie.

JEAN-MARIE : Présent.

PHILIPPE : Dites-moi, Jean-Marie, comment vous
   appelez-vous ?
JEAN-MARIE : Je m'appelle Jean-Marie.
PHILIPPE : C'est juste. Vous me comprenez. Vous
15   êtes un garçon intelligent. Marie-Jeanne.
MARIE-JEANNE : Présente.
PHILIPPE : Dites-moi, Marie-Jeanne, comment vous
   appelez-vous ?
MARIE-JEANNE : Je m'appelle Jean-Marie.
20 PHILIPPE : Vous ne comprenez pas. C'est faux.
   Vous vous trompez. Attention, Marie-Jeanne :
   dites-moi, comment vous appelez-vous ?
MARIE-JEANNE : Je m'appelle Marie-Jeanne.
PHILIPPE : C'est mieux. Ne vous trompez plus. Cela
25   suffit pour aujourd'hui. Levez-vous. Sortez. Allez
   manger.

Avoir ou ne pas avoir quelque chose

Personnages
THOMAS
MARIE-JEANNE, DICK

THOMAS : Bonjour, Marie-Jeanne, il est déjà deux
   heures de l'après-midi, je n'ai pas mangé, j'ai
   faim.
30 MARIE-JEANNE : Moi, je n'ai pas faim, j'ai chaud.
THOMAS : Moi, j'ai faim et j'ai chaud.

MARIE-JEANNE : Moi j'ai chaud et j'ai froid parce
que c'est l'été et que nous avons un été froid cette
année.

THOMAS : Moi, j'ai faim, j'ai chaud, j'ai soif. 35

MARIE-JEANNE : Quand on a soif on a sommeil,
alors j'ai sommeil.

THOMAS : Moi, j'ai faim, j'ai chaud, j'ai froid, j'ai
soif, j'ai sommeil et j'ai vingt ans.

DICK : Il vaut mieux avoir vingt ans que d'avoir 40
chaud, faim, froid, soif et sommeil.

THOMAS : Moi, j'ai faim, chaud, j'ai froid, j'ai sommeil, j'ai vingt ans à la fois.

DICK : Moi, je n'ai pas faim, je n'ai pas chaud, je
n'ai pas froid, je n'ai pas sommeil, je n'ai pas 45
vingt ans. Je n'ai besoin de rien mais j'ai mal
partout.

THOMAS : Tu as raison de n'avoir besoin de rien ni
du reste.

MARIE-JEANNE : Non, il a tort. 50

THOMAS : Non, il a raison, puisqu'il n'a besoin de
rien.

MARIE-JEANNE : Non, il a tort puisqu'il a mal
partout.

DICK : En effet, il vaut mieux avoir sommeil. 55

Divers

Personnages
PHILIPPE, *le professeur*
JEAN-MARIE, MARIE-JEANNE, *les élèves.*

PHILIPPE : Dites-moi, Jean-Marie, que doit faire un
  bon élève ?
MARIE-JEANNE : Un bon élève doit arriver à écrire
  vite et à l'encre et il doit arriver à l'heure.
60 PHILIPPE : Que signifie arriver à l'heure ?
JEAN-MARIE : J'arrive à l'heure quand il est trop
  tôt... Non, je suis à l'heure quand il est trop tard.
MARIE-JEANNE : Monsieur, c'est faux. On est à
  l'heure quand on est ni en avance ni en retard.
65 JEAN-MARIE : Je croyais qu'on était à l'heure quand
  on était à la fois en avance et en retard.
PHILIPPE : Voyons, Jean-Marie, aujourd'hui, êtes-
  vous venu en avance ou en retard, trop tôt ou
  trop tard ? Avez-vous dû attendre longtemps
70 avant d'entrer ou est-ce que c'est moi qui ai dû
  vous attendre longtemps ainsi que je le fais tous
  les jours, tous les matins, tous les ans, en
  pleurant ?
MARIE-JEANNE : Pour ne pas être triste, monsieur,
75 vous devriez voyager souvent, parler toujours,
  bien danser tous les soirs et sentir bon.
JEAN-MARIE : Quand on danse trop on sent mauvais
  parce qu'on transpire.
MARIE-JEANNE : Alors, il est préférable de chanter.

PHILIPPE : Marie-Jeanne peut chanter, car elle 80
    chante juste.
JEAN-MARIE : Non, elle chante faux.

Agence de voyages

Personnages
LE CLIENT, L'EMPLOYÉ, LA FEMME

LE CLIENT : Bonjour, monsieur. Je voudrais deux
    billets de chemin de fer, un pour moi, un pour
    ma femme qui m'accompagne en voyage.   85
L'EMPLOYÉ : Bien, monsieur. Je peux vous vendre
    des centaines et des centaines de billets de che-
    min de fer. Deuxième classe ? Première classe ?
    Couchettes ? Je vous réserve deux places au
    wagon-restaurant ?   90
LE CLIENT : Première classe, oui, et wagons-lits.
    C'est pour aller à Cannes, par l'express d'après-
    demain.
L'EMPLOYÉ : Ah... C'est pour Cannes ? Voyez-vous,
    j'aurais pu facilement vous donner des bil- 95
    lets, tant que vous en auriez voulu, pour toutes
    directions en général. Dès que vous pré-
    cisez la destination et la date, ainsi que le train
    que vous voulez prendre, cela devient plus
    compliqué.   100
LE CLIENT : Vous me surprenez, monsieur. Il y a

des trains, en France. Il y en a pour Cannes. Je
l'ai déjà pris, moi-même.

L'EMPLOYÉ : Vous l'avez pris, peut-être, il y a vingt
105   ans, ou trente ans, dans votre jeunesse. Je ne dis
pas qu'il n'y a plus de trains, seulement ils sont
bondés, il n'y a plus de places.

LE CLIENT : Je peux partir la semaine prochaine.

L'EMPLOYÉ : Tout est pris.

110 LE CLIENT : Est-ce possible ? Dans trois semaines...

L'EMPLOYÉ : Tout est pris.

LE CLIENT : Dans six semaines.

L'EMPLOYÉ : Tout est pris.

LE CLIENT : Tout le monde ne fait donc que d'aller
115   à Nice ?

L'EMPLOYÉ : Pas forcément.

LE CLIENT : Tant pis. Donnez-moi alors deux billets pour Bayonne.

L'EMPLOYÉ : Tout est pris, jusqu'à l'année pro-
120   chaine. Vous voyez bien, monsieur, que tout le
monde ne va pas à Nice.

LE CLIENT : Alors, donnez-moi deux places pour le
train qui va à Chamonix...

L'EMPLOYÉ : Tout est pris jusqu'en 1980...

125 LE CLIENT : ... Pour Strasbourg...

L'EMPLOYÉ : C'est pris.

LE CLIENT : Pour Orléans, Lyon, Toulouse, Avi-
gnon, Lille...

L'EMPLOYÉ : Tout est pris, pris, pris, dix ans à
130   l'avance.

LE CLIENT : Alors, donnez-moi deux billets d'avion.

L'EMPLOYÉ : Je n'ai plus aucune place pour aucun
avion.

LE CLIENT : Puis-je louer, dans ce cas, une voiture
    avec ou sans chauffeur ?

L'EMPLOYÉ : Tous les permis de conduire sont
    annulés, afin que les routes ne soient pas
    encombrées.

LE CLIENT : Que l'on me prête deux chevaux.

L'EMPLOYÉ : Il n'y a plus de chevaux. (Il n'y en a
    plus.)

LE CLIENT, *à sa femme* : Veux-tu que nous allions
    à pied, jusqu'à Nice ?

LA FEMME : Oui, chéri. Quand je serai fatiguée tu
    me prendras sur tes épaules. Et vice versa.

LE CLIENT, *à l'employé* : Donnez-nous, monsieur,
    deux billets pour aller à pied jusqu'à Nice.

L'EMPLOYÉ : Entendez-vous ce bruit ? Oh, la terre
    tremble. Au milieu du pays un lac immense, une
    mer intérieure vient de se former (d'apparaître,
    de surgir). Profitez-en vite, dépêchez-vous avant
    que d'autres voyageurs n'y pensent. Je vous pro-
    pose une cabine de deux places sur le premier
    bateau qui va à Nice.

Extraits de *Exercices de conversation et de diction françaises pour étudiants américains*, dans *Théâtre V*,
© Éd. Gallimard.

Notes

Les numéros entre parenthèses renvoient aux numéros des lignes.

Exercices de diction : exercices pour apprendre à bien dire les mots et les phrases.

Divers : mélanges de choses différentes.

(78) **On transpire :** on a le corps couvert de sueur, à cause de la chaleur.

(83) **Client :** celui qui achète.

(89) **Couchettes :** les lits, dans les trains ou les bateaux.

(98) **Destination :** l'endroit où l'on va.

(107) **Bondés :** remplis de monde.

(109) **Pris :** il n'y a plus de places libres.

(115) **Nice :** Nice est à côté de Cannes, mais pourquoi Nice et non pas Cannes? Ionesco s'est-il trompé, tout simplement?

(116) **Pas forcément :** ce n'est pas toujours comme ça.

(134) **Louer :** utiliser pendant un certain temps, en payant.

(136) **Les permis de conduire sont annulés :** les automobilistes n'ont plus le droit de circuler.

(137) **Encombrées :** il est impossible de circuler à cause des voitures.

(145) **Vice versa :** ... et je te prendrai sur mes épaules.

(151) **Surgir :** apparaître tout à coup.

Au théâtre comme au théâtre

François Servais

La scène se passe dans un café. Le Fou, habillé selon 1
la tradition, se tient debout, près du bar. Les autres
personnages sont assis.
Le patron lave des tasses. Il jouera un rôle muet.
On peut imaginer des clients silencieux. 5

LE FOU : Ne me regardez pas comme ça, Made-
    moiselle !

LA JEUNE FILLE : Oh !

LE FOU : C'est vrai, à la fin ! Vous me dévisagez
    d'une manière !... C'est très gênant... 10

LA JEUNE FILLE : Ça alors !

LE FOU : C'est très très gênant d'être examiné
    ainsi. Vous me dévorez des yeux... Comme si
    j'étais...

LA JEUNE FILLE : Évidemment, je vous regarde... 15
    Tout le monde, ici, vous regarde...

LE FOU : Tout le monde ! Vraiment !

LA JEUNE FILLE : Tout le monde... Ça se voit, non ?
    Et ça se comprend. Il suffit de vous regarder avec
    votre... 20

LE FOU : Ah! Vous voulez parler de... de mon
    habit... mon costume, plutôt!

UN CLIENT : Votre déguisement, vous voulez dire!

UN AUTRE CLIENT : Un vrai Charlot!... C'est pas
25   Carnaval, tout de même!

LE FOU : C'est tous les jours Carnaval.

UN AUTRE CLIENT : Il est fou! C'est un fou! Au
    fou! Au fou!...

LE FOU : Non, je ne suis pas fou. Je suis LE FOU...

30 TOUS : Le Fou?

LE FOU : Oui, LE FOU. LE FOU du roi... des cour-
    tisans... des bourgeois... du peuple aussi... Je suis
    l'amuseur privé... public... A la demande...

LA JEUNE FILLE : C'est déplacé, Monsieur! Nous
35   ne sommes pas au théâtre.

LE FOU : Qui sait?

LA JEUNE FILLE : Décidément, vous êtes fou!
    Complètement fou!

LE FOU : Pour vous servir, Mademoiselle. Je vous
40   l'ai déjà dit : je suis LE FOU, le seul, l'unique...
    Au théâtre, il faut toujours être unique, n'est-ce
    pas?... Exemplaire... Eh bien, moi, je suis LE
    FOU... comme LE ROI doit être LE ROI...
    Dans la vie, il y a des rois... De moins en moins,
45   il est vrai, mais il y en a. Alors, au théâtre, il
    y a LE ROI... (*Il interpelle un des clients* :) Vous,
    Monsieur!...

LE CLIENT : Moi!

LE FOU : Oui, vous... Je vous vois bien en Roi!...

50 LE CLIENT, *qui commence à prendre la pose* :
    Vraiment?

LE FOU, *le bousculant pour l'obliger à prendre une*

allure plus royale : Mais il faut être parfait... Roi
de la tête aux pieds... Plus droit, Monsieur, plus
droit ! Et le menton plus... plus... royal ! (*Il lui* 55
attrape le menton.) Ne souriez pas, Majesté.
Gardez les lèvres serrées, un peu méprisantes...
Vous devez être totalement roi... absolument
roi... Comme une carte à jouer...

LA JEUNE FILLE : Et vous, le Fou, vous comman- 60
dez le Roi !

LE FOU : Oui, Mademoiselle... Lorsqu'il est question de son allure, le Roi accepte tout... Sinon,
c'est raté.

LA JEUNE FILLE : Raté ? 65

LE FOU : Oui, raté. Vous imaginez le Roi entrant en
scène et le public se demandant : Qui c'est, celui-
là ? Qu'est-ce qu'il fait ici ? D'où il sort ?... Non,
Mademoiselle ! Dès que le Roi met le pied
dehors, il faut qu'on sache qu'il est LE ROI... 70
Le Roi de toujours... le Roi de partout... Il faut
que l'on crie : C'est le Roi !... Vive le Roi !... A
mort, le Roi !...

LE ROI : Hé là !...

LE FOU : Enfin... ce qu'on dit dans ces cas-là... 75
Quand il fait un temps à sortir les Rois.

LE ROI : Si on allait, Mademoiselle, me confondre
avec mon Premier chambellan... Ce ne serait plus
la monarchie !

UN CLIENT : Même pas la république ! 80

LE FOU : Absolument ! Ce serait l'anarchie... le
désordre général... Tout le monde serait Fou...
ou Roi...

LE ROI : Ou Roi !... Comme tu y vas !

85 LE FOU : Et que ferait-on du « vrai » Roi ?... Du
« seul » Fou ?... Que ferait-on de l'ordre imposé
et du désordre autorisé ?... Car je suis, moi, le
désordre autorisé... Le désordre du Roi... Je ne
suis rien sans lui... et il n'est rien sans moi. Mais,
90 cela, ne le dites pas. Le Roi l'ignore... Ou il fait
semblant de l'ignorer.

UN AUTRE CLIENT : C'est un jeu qui se joue à
deux ?

LE FOU : Pas du tout ! Vous n'y êtes pas ! Tout le
95 monde peut jouer. Sur le théâtre du monde, vous
pouvez toujours ajouter des pièces. Autant que
vous le désirez... Vous, par exemple...

LE CLIENT : Comment ça, moi ?

LE FOU : Vous feriez un Premier chambellan de pre-
100 mière qualité.

LE CLIENT : Vous croyez ?... C'est possible...

(*Même jeu de scène que pour le Roi, tout à l'heure.*)

LE FOU, *choisissant une femme* : Et vous, vous serez
la Reine... Si, si, la Reine... Essayez un peu, pour
105 moi, de faire la Reine... (*Même jeu de scène
pour le Roi et le Chambellan. La Reine est d'abord
trop souriante, ensuite trop sérieuse.*)... La Reine !...
Pas une demoiselle d'honneur de la Reine !... La
Reine !... Pas la statue de la Reine, non plus !...
110 La Reine, Madame !... (*De plus en plus excité et
attrapant sans ménagement ses autres acteurs*)...
Et voici la Suivante... Et voici la Servante... Et
voici... l'Ingénue... (*Pour ce dernier rôle, il a choisi
LA JEUNE FILLE.*)

115 LA JEUNE FILLE : Ingénue...

LE FOU : Oui, bien sûr... (*Jeu de mains*)...

Ingénue ?... C'est un risque à prendre, comme
toujours avec les ingénues...

LA JEUNE FILLE : Dites donc, vous !...

LE FOU : Allons, ne vous fâchez pas et rejoignez les
autres. 120

LE ROI (*au Fou*) : Toi, ta place est près du Roi !...
Tant que je te supporte !

L'INGÉNUE (*au Roi*) : Et tant qu'il vous supporte...

LE FOU : Mais, je supporte tout, Mademoiselle. 125
L'honneur chatouilleux, la dignité offensée... très
peu pour moi ! Il faut bien vivre...

LA REINE : Vous n'avez vraiment pas d'amour-
propre...

LE FOU : Je suis trop petit pour cet article-là. 130

LE ROI, *méprisant* : Aucun souci de sa gloire !

LE FOU : Aucun... Moi, je suis l'ombre dans la
lumière, la honte des projecteurs ! Je supporte la tyrannie, car je suis la servilité... Je
supporte la cruauté, car je suis le cynisme... 135
Je supporte le mensonge, car je suis la folie... Et
je supporte la vérité... pour la même raison... Il
n'y a que la liberté qui me tuerait... mais,
celle-là...

L'INGÉNUE, *mélancolique, en faisant sonner un gre-* 140
lot du Fou : Oui... celle-là...

LE FOU : Ne touchez pas à mes clochettes ! Je supporte tout, sauf cela, que l'on tripote mes grelots... C'est ma petite musique, ce léger bruit de
clochettes qui m'annonce, qui dit : « Braves gens, 145
approchez-vous, éloignez-vous, méfiez-vous,
amusez-vous, garez-vous, gare à vous, voici le
Fou !... » C'est ainsi au théâtre, chacun a sa

musique, son instrument... Les trompettes pour
150 le Roi... (*Jeu de scène possible*)... Le tambour pour
les Généraux... (*Nouveau jeu de scène possible*)...

LE PREMIER CHAMBELLAN : Et les grelots pour le
Fou !

LE FOU : Des grelots, oui... Mais quand je saute, ils
155 tintent doucement et ce léger bruit réjouit le peuple, inquiète les courtisans et monte vers le
trône... Alors, tout le monde se tait et pense :
« Il va encore dire une bêtise ! »

L'INGÉNUE : Et vous dites une bêtise ?

160 LE FOU : Et je dis la vérité. Mais personne ne me
croit et tout le monde rit !

LE PREMIER CHAMBELLAN : Quel genre de vérité ?

LE FOU : Je dis : « Le Roi sera mort demain... »

165 LE ROI : Et cela fait rire ?

LE FOU : Tout le monde... Sauf le Premier chambellan : il préparait un complot.

LE PREMIER CHAMBELLAN : Sire, c'est inadmissi-
ble ! Faites taire ce bouffon !

170 LE FOU : Qu'est-ce que je disais !

LE ROI : Qu'on arrête le Chambellan et qu'on le
pende sur-le-champ !

LE FOU (*à part*) : J'ai encore dit une bêtise, moi...
Scène très animée. Soudain, retentit la voix de l'Ingénue.

175 L'INGÉNUE : Arrêtez !... Le Fou se moque de
nous !... (*au Fou*) Votre théâtre... ce sont toujours
des Rois... des Reines... des Chambellans...

LA SUIVANTE : ... des Suivantes...

LA SERVANTE : ... des Servantes...

180 LE FOU : Non ! Ce sont des hommes, comme

moi, comme vous. Ils vivent, ils aiment, ils meurent surtout... On en fait des Rois, des Reines
et des Chambellans...

LA SUIVANTE : ... des Suivantes...

LA SERVANTE : ... des Servantes... 185

LE FOU : C'est pour faire de l'effet, c'est tout.

LA REINE : Vous n'auriez pas plutôt des histoires ?

LE ROI : De l'action ?

LA SUIVANTE : Des histoires d'amour ?

LA SERVANTE : Ça plaît à tout le monde... 190

LE FOU : De l'amour, Madame ! De l'amour ! Au
théâtre ! Mais l'amour est partout au théâtre...
Il brille dans les yeux de Chimène, il soupire avec
Cyrano, il rôde dans les coulisses et fait pleurer
Margot... De l'amour !... Mais tout le théâtre est 195
amour !

LE PREMIER CHAMBELLAN : C'est du propre !

LA SUIVANTE : C'est beau !

LE FOU : Mais ce n'est pas si simple... Demandez
à Arlequin (*Il désigne un client*)... 200

LE CLIENT : Comment ?... Moi ?... Arlequin ?...
Mais, Monsieur... je ne saurai jamais...

LE FOU : Au contraire, au contraire... Vous serez un
Arlequin très acceptable... (*installant l'Ingénue à
côté d'Arlequin*)... et vous, une Lisette très 205
émouvante.

Long moment de silence.

ARLEQUIN : Tu es ici, Lisette ?

LISETTE : Tu vois bien, Arlequin.

ARLEQUIN : Dans ce café... 210

LISETTE : Oui... C'est un café...

ARLEQUIN : Tu sais, Lisette...

LISETTE : Oui, Arlequin...

ARLEQUIN : Tu sais, j'aime...

215 LISETTE : Oui...

ARLEQUIN : J'aime bien ce café...

LISETTE : Ah, oui... ce café...

ARLEQUIN, *parlant soudain très vite* : Oui, ce café,
il est bien, il est très bien. Je l'aime bien, je l'aime
220 beaucoup. C'est vrai. Ses murs, sa... sa forme...
son odeur...

LISETTE : Son odeur !

ARLEQUIN : Oui, Lisette. Tu n'as pas remarqué ?
Les cafés ont une odeur. Celui-ci, il sent... il
225 sent...

LISETTE : Il sent bon !

ARLEQUIN : Oh, Lisette ! Tu te moques de moi !

LISETTE : Non, je ne me moque pas de toi... Mais
tu dis de drôles de choses, Arlequin...

230 ARLEQUIN : Lisette, oh, Lisette... Si j'osais...

LISETTE : Si tu osais...

ARLEQUIN : Te demander...

LISETTE : Oui...

ARLEQUIN : Te demander... Est-ce que tu vas res-
235 ter longtemps ici ?

LISETTE : Oui... Je crois... Et toi, Arlequin ?

ARLEQUIN : Moi non plus...

LISETTE : Toi non plus ?

ARLEQUIN : Moi non plus... Je suis bête... Je veux
240 dire : moi, je vais bientôt partir...

LISETTE : Ah !...

ARLEQUIN : Lisette... Je voudrais... Est-ce que je
peux te demander ?...

LISETTE : Encore !

ARLEQUIN : Oui... Te demander... Est-ce que tu ²⁴⁵
    reviendras dans ce café?... Je veux dire...
    demain... justement celui-ci... à la même heure...

LISETTE : Peut-être... Pourquoi pas?... Mais, pour-
    quoi justement ce café, Arlequin?

ARLEQUIN : Oh, Lisette! Pour... pour... pour son ²⁵⁰
    odeur... J'aime bien son odeur...

LISETTE, *se tournant vers le Fou* : Mais, nous n'y
    arriverons jamais!

LE FOU : Vous voyez, rien n'est simple. Dès que
    deux personnes se rencontrent, c'est... ²⁵⁵

LE PREMIER CHAMBELLAN : C'est un ballot, oui,
    votre Arlequin. Il n'arrivera à rien.

LA SUIVANTE : Il est mignon, pourtant...

LA SERVANTE : Mignon, mais timide. (*A Lisette*)
    Prenez les affaires en main, Mademoiselle... Que ²⁶⁰
    diable, il faut l'encourager, le pauvre trésor...

ARLEQUIN : C'est vrai, Lisette, tu ne fais aucun
    effort pour...

LISETTE : Pour?...

ARLEQUIN : Oh, tu as très bien compris... ²⁶⁵

LISETTE : Compris?...

ARLEQUIN : Compris que...

LE ROI : Allons, du courage, mon garçon... «Que...»

LE FOU : N'insistez pas, Majesté. C'est inutile. Il ne
    peut pas le dire... Il ne doit pas le dire... Arle- ²⁷⁰
    quin n'est pas Don Juan!

LA SERVANTE : Comment cette histoire va-t-elle
    finir?

LE FOU : Très mal... Lisette fera semblant d'en
    aimer un autre, pour obliger Arlequin à se ²⁷⁵
    déclarer...

LA SERVANTE : La garce !

LE FOU : Arlequin se tuera...

LE CHAMBELLAN : L'idiot !

280 LE FOU : Lisette s'enfermera dans un couvent et
mourra de chagrin...

LA SUIVANTE : La malheureuse !

LA REINE : Pourquoi tous ces morts ? Est-ce vraiment nécessaire ?

285 LISETTE : Il faut mourir un jour... D'amour, c'est
plus joli.

LE FOU : Ils ne meurent pas vraiment. Ce sont les
autres qui les tuent... Tout doucement... Jour
après jour... Avec leurs repas de famille et leurs
290 promenades du dimanche... Avec leurs remar-
ques gentilles et leurs reproches silencieux... On
tue leurs derniers sentiments, leurs restes de jeunesse... Par jalousie, peut-être... Mais, dans la
vie, tout cela est un peu lent. Alors, au théâtre,
295 on accélère. Et Juliette meurt dans les bras de
Roméo... S'ils avaient vécu, on les aurait fait se
détester. Il vaut mieux qu'ils meurent avant de
divorcer.

LE ROI : C'est un bon mot !

300 LE FOU : C'est la vie. Ça ne rime pas avec l'amour.

LA REINE : On ne vous croit pas...

LE FOU : A votre aise... (*Il se dirige vers la porte.*)

LA SUIVANTE : Et nous, que va-t-il nous arriver ?
J'aimerais bien le savoir...

305 LE FOU : Allez voir la pièce !... (*Il sort.*)

© Yoland Simon

Notes

Les numéros entre parenthèses renvoient aux numéros des lignes.

(1) **Le Fou :** autrefois, personnage qui accompagnait le Roi pour le faire rire (on l'appelle aussi *le Bouffon*).
Habillé selon la tradition : en costume de Fou.
(9) **Dévisagez :** regardez avec attention.
(13) **Dévorez des yeux :** regardez fixement, comme si vous vouliez me manger.
(23) **Déguisement :** des vêtements que l'on met pour ne pas être reconnu.
(24) **Charlot :** le personnage créé par Charlie Chaplin.
(25) **Carnaval :** fête au cours de laquelle on se déguise.
(31) **Courtisans :** les nobles qui vivaient à la Cour, auprès du Roi.
(32) **Bourgeois :** des gens assez riches, parfois très riches (commerçants, avocats, médecins, etc.) qui n'étaient pas nobles.
Peuple : la foule des autres (ouvriers, petits vendeurs, étudiants, serviteurs, etc.)
(34) **Déplacé :** ridicule.
(42) **Exemplaire :** que l'on prend comme exemple, comme modèle.
(50) **Prendre la pose :** se donner des airs de roi.
(53) **Allure :** manière de se tenir, de bouger, de marcher.
(57) **Les lèvres méprisantes :** pour bien montrer qu'il est supérieur.
(58) **Absolument roi :** comme un roi absolu, c'est-à-dire seul maître du pays.
(64) **C'est raté :** c'est manqué ; c'est un échec.
(77) **Me confondre avec :** me prendre pour ; croire que je suis.
(78) **Chambellan :** courtisan chargé du service de la chambre du Roi.
(79) **Monarchie :** gouvernement d'un pays par un seul chef.
(80) **République :** gouvernement d'un pays par l'ensemble des habitants.
(81) **Anarchie :** absence de gouvernement ; désordre.
(84) **Comme tu y vas :** tu exagères (« tout le monde ne pourrait pas être roi ! »).
(94) **Vous n'y êtes pas :** vous n'avez pas compris.
(96) **Pièces :** au jeu d'échecs, le Roi, la Reine et le Fou sont des pièces.
(108) **Demoiselle d'honneur :** jeune fille noble qui vivait près de la Reine.
(109) **Statue :** la Vénus de Milo et le Penseur de Rodin sont des statues.
(111) **Sans ménagement :** sans précaution ; rudement.
(112) **Suivante :** au théâtre, celle qui accompagne (suit) une reine ou une princesse.
(113) **Ingénue :** au théâtre, la jeune fille naïve, innocente.

(117) **Un risque à prendre** : on ne sait pas comment les choses vont se passer.

(123) **Je te supporte** : je t'accepte, toi et tes plaisanteries.

(126) **L'honneur chatouilleux, la dignité offensée.. très peu pour moi** : je suis prêt à tout accepter, même les insultes.

(128) **Amour-propre** : sentiment de sa valeur.

(133) **La honte des projecteurs** : je ne mérite pas d'être regardé.

(134) **Tyrannie** : autorité excessive, insupportable.
    Servilité : obéissance excessive.

(135) **Cruauté** : méchanceté.
    Cynisme : se moquer du malheur des autres.

(140) **Mélancolique** : triste.

(143) **Tripote** : touche.

(147) **Garez-vous** : ne restez pas sur mon chemin.
    Gare à vous : soyez prudents, je suis dangereux.

(155) **Réjouit** : rend content.

(167) **Il préparait un complot** : il voulait prendre la place du Roi.

(168) **Sire** : titre que l'on donnait au Roi (comme « Majesté »).
    Inadmissible : que l'on ne peut pas accepter.

(172) **Sur-le-champ** : tout de suite.

(186) **Pour faire de l'effet** : pour faire plaisir aux spectateurs.

(194) **Il rôde** : il est là sans qu'on le voie.

(197) **C'est du propre** : ce n'est pas bien.

(206) **Émouvante** : qui fait battre le cœur et quelquefois pleurer.

(256) **Ballot** *(familier)* : maladroit.

(260) **Prenez les affaires en main** : obligez-le à parler.

(275) **Se déclarer** : dire à Lisette qu'il l'aime.

(277) **Garce** *(familier)* : méchante femme.

(280) **Couvent** : maison religieuse.

(298) **Divorcer** : mettre fin à un mariage.

(299) **Un bon mot** : une remarque pour faire rire.

(300) **Rime** : *amour* rime avec *tambour* et *voyage* avec *bagage*.

(302) **A votre aise** : comme vous voulez... vous n'êtes pas obligés de me croire...

Le style enfantin
Itinéraire de lecture

L'auteur

Né en 1903, **Jean Tardieu** se considère avant tout comme un poète et son œuvre théâtrale ne se distingue pas de son œuvre poétique.

Il présente lui-même ses pièces de théâtre comme « de courtes pièces, les unes poétiques, les autres franchement parodiques. C'est pourquoi elles sont, pour la plupart, de dimensions réduites, presque des sketches. C'est pourquoi aussi elles sont jouées si souvent, mais plutôt devant des publics restreints... Toutes sont, pour moi, des formes « autres » de la poésie. Ce sont, grâce à un certain décalage voulu, à un certain éclairage insolite, les approches différentes d'une réalité cachée qu'il faut essayer de surprendre. »

Cet art de faire apparaître la face cachée des mots et des choses caractérise aussi bien les poèmes de Jean Tardieu (*Le Fleuve caché*, 1968 - *Formeries*, 1976) que les nombreuses pièces qu'il a écrites pour la radio ou les théâtres d'avant-garde : *Théâtre de chambre*, 1955 - *Poèmes à jouer*, 1960 - *Une soirée en Provence*, 1975 - *La Cité sans sommeil*, 1984.

Et les lecteurs-spectateurs du *Style enfantin* découvriront l'humour de Jean Tardieu, tel qu'il le définit lui-même, « ce révélateur qui permet le dépaysement, ce « recul » qui peut être introduit dans un texte à des doses variables, depuis le plus léger clin d'œil jusqu'au comique déclaré. »

Étape 1
Découverte du texte

1. Lisez la liste des personnages, page 9. Quelle histoire imaginez-vous à partir de cette simple liste ?

2. Lisez les lignes 1 à 17 : d'après le Présentateur, qui a écrit la pièce ? Qui la joue ? Devant qui ?

3. *Le style enfantin* est une pièce en un acte. Combien de scènes comprend-elle ? Où se déroulent-elles ? A quel moment de la journée ?

4. Quels personnages apparaissent dans chaque scène ?

5. Dans le texte, certaines phrases sont en italiques : à quoi servent-elles ?

Étape 2
Exploration du texte

Lisez la pièce, puis parcourez-la une seconde fois en cherchant des réponses aux questions suivantes :

1. Tout au long de la pièce, des répliques banales, des propos que l'enfant peut entendre chez lui sont mêlés à des répliques étranges, drôles, parfois idiotes. Pouvez-vous donner quelques exemples ?

2. Quelles situations habituelles ou normales de la vie des adultes sont représentées ou évoquées dans *Le style enfantin* ?

3. Certaines situations rappellent des situations traditionnelles du théâtre ou du conte : lesquelles ? Relisez, en particulier, les lignes 93 à 111, 140 à 211, 213 à 224, 236 à 248, 271 à 313, 290 à 298.

4. Mais *Le style enfantin* n'est ni une pièce sérieuse, ni une comédie de type classique. Quels sont, pour vous, les éléments (sujet, situations, gestes, répliques) qui font de cette pièce une sorte de farce poétique tout à fait originale ?

Étape 3
Réflexion sur le texte

1. Comparez l'histoire que vous aviez imaginée (Étape 1, question 1) et la pièce que vous avez lue.

2. Pour quelles raisons, selon vous, la pièce s'intitule-t-elle *Le style enfantin* ?

3. Elle porte un sous-titre : *Esquisse comique*. Cherchez le sens du mot *esquisse* dans le dictionnaire. Ce sous-titre vous paraît-il convenir ?

4. L'auteur-enfant s'est beaucoup amusé en écrivant sa pièce. Il en a profité pour se moquer de ses parents et de leurs amis. En quoi les adultes sont-ils ridicules ?

Étape 4
Interprétation du texte

1. Relisez attentivement les lignes 14 à 24 : quelles sont les différentes manières de mettre en scène et d'interpréter la pièce que recommande l'auteur ?

2. Le texte de présentation (l. 1 à 17) est indispensable : pourquoi ?

3. Au cas où ce texte de présentation serait trop difficile pour certains spectateurs, pourriez-vous en rédiger une version plus courte ?

4. Faites des propositions concernant la mise en scène de la pièce, l'allure des acteurs, leur façon de parler, etc.

5. « ... l'auteur-enfant, accompagné de quelques jeunes invités, assistera au spectacle... », dit le Présentateur. Cela
fait donc partie de la représentation. Les enfants sont à
la fois spectateurs et acteurs. Comment les imaginez-
vous ? Où les installez-vous ? Quels jeux de scène
proposez-vous ?

6. Quels accessoires peut-on utiliser ?

 Lignes 1 à 92
— Propositions pour une interprétation sérieuse
et pour une interprétation enfantine.
— Analyse comparée de quelques répliques.
— Exercices de diction.

La pluie
Itinéraire de lecture

L'auteur

Roland Dubillard est né en 1923. A la fois auteur et acteur, il est bien connu des amateurs de théâtre.

Ionesco fut l'un de ses premiers admirateurs : « J'ai vu, en 1953, Roland Dubillard jouer un « sketch » de lui, au théâtre du Quartier Latin : j'ai reconnu un parent... Il me semble qu'il y a chez lui une évolution très intéressante de l'expression dramatique, aboutissant à l'annulation de la littérature pour le plus grand bien de la force théâtrale. »

Auteur de pièces étranges et pleines de fantaisie, telles que *Naïves hirondelles* (1961), *La Maison d'os* (1962), *Le Jardin aux betteraves* (1969), *Où boivent les vaches* (1972), Roland Dubillard peut être considéré comme un représentant du théâtre de l'absurde. Mais, il ne s'agit pas seulement, pour lui, de jouer avec le langage, il s'agit de « jouer » : homme de théâtre, il interprète lui-même ses pièces. Ainsi, plus qu'un texte, une œuvre de Roland Dubillard est un spectacle, un divertissement.

C'est dans cet esprit qu'il faut comprendre les *Diablogues*, ces sketches de style café-théâtre, joués depuis plus de vingt ans, publiés en 1976 et présentés par l'auteur comme « un ensemble de courtes scènes à deux, écrites pour le théâtre, le cabaret ou la radio, dont la seule prétention est de faire rire sans bêtise. »

Étape 1
Découverte du texte

1. Combien y a-t-il de personnages dans cette pièce ? Est-ce que nous savons qui ils sont ? Comment sont-ils appelés ?

2. Le texte comporte-t-il des indications scéniques ? Qu'est-ce que l'on peut en déduire ?

3. Qu'est-ce que l'on peut deviner du contenu de *La pluie* d'après le titre de la pièce et celui du recueil : *Les diablogues et autres inventions à deux voix* ?

Étape 2
Exploration du texte

Lisez la pièce, puis parcourez-la une seconde fois en cherchant des réponses aux questions suivantes.

1. Le dialogue entre UN et DEUX a toutes les apparences d'une discussion sérieuse. Relevez des expressions qui montrent que les deux personnages semblent réfléchir et raisonner.

2. Qu'est-ce que UN annonce au début (l. 1) ? Qu'est-ce qu'il finit par avouer, à l'issue d'une discussion serrée (l. 219) ? Est-ce que ces deux déclarations ont un rapport logique l'une avec l'autre ?

3. En étudiant spécialement les lignes 33 à 35, 76, 104-105, 116, 135 à 141, 147-148, 161 à 164, 174 à 182, 195-196, 206, 214 et 219-220, retrouvez les différentes étapes du raisonnement qui conduit UN de la première à la dernière affirmation.

4. L'un des deux personnages domine l'autre : lequel ? Relevez des expressions qui le montrent.

5. DEUX réussit à faire dire ou accepter à UN des affirmations fausses ou bizarres, mais qui ont l'apparence d'un raisonnement correct : par exemple, lignes 111, 116, 133-134, 147-148, 161 à 166, 172, 181-182, 195-196, 209, 217. Pour chaque exemple, dites quelle pourrait être l'affirmation juste.

Étape 3
Réflexion sur le texte

1. Cette pièce vous paraît-elle amusante ? Justifiez votre réponse.

2. Lequel des deux personnages préférez-vous ? Pourquoi ?

3. Est-ce que le titre du recueil *Les diablogues et autres inventions à deux voix* vous paraît convenir à *La pluie* ? Pourquoi ?

4. Les conversations comme celle de UN et DEUX ne sont peut-être pas exceptionnelles... Nous avons parfois, en famille ou avec des amis, de brèves discussions qui ressemblent à *La pluie*. Pouvez-vous en imaginer une ?

Étape 4
Interprétation du texte

1. Comment imaginez-vous UN et DEUX ? Qui sont-ils ? Où sont-ils ? Comment sont-ils habillés ? Comment se tiennent-ils ? Comment parlent-ils ?

2. En réalité, on peut interpréter ce dialogue de plusieurs manières, car on peut imaginer différentes situations, différents personnages, différentes façons de dire le texte : lesquels, par exemple ?

3. Et si un ou plusieurs personnages muets assistaient à la scène... Qui pourraient-ils être ? Que pourraient-ils faire ?

4. Certains acteurs ou certains... spectateurs pourraient trouver le texte trop long. Quelles coupures proposez-vous ?

 Lignes 99 à 222
— Trois interprétations différentes.
— Étude comparée des trois versions.
— Exercices de diction.

Exercices de conversation et de diction françaises pour étudiants américains

Itinéraire de lecture

L'auteur

Né en Roumanie en 1912, auteur d'avant-garde dans les années cinquante, joué à la Comédie Française en 1966, **Eugène Ionesco** est, sans doute, aujourd'hui, l'un des plus célèbres des écrivains français contemporains.

Son œuvre comprend une trentaine de pièces dont les plus connues ont été jouées dans le monde entier : *La Cantatrice chauve*, 1950 - *La Leçon*, 1951 - *Les Chaises*, 1952 - *Amédée ou Comment s'en débarrasser*, 1954 - *Jacques ou la Soumission*, 1955 - *Rhinocéros*, 1960 - *Le Roi se meurt*, 1962.

Représentant d'un certain «théâtre de l'absurde», Ionesco a souvent exposé sa conception de l'art dramatique :

«Je n'ai jamais compris la différence que l'on fait entre le comique et le tragique. Le comique étant l'intuition de l'absurde, il me semble plus désespérant que le tragique. Le comique n'offre pas d'issue... Plus de drame ni de tragédie ; le tragique se fait comique, le comique est tragique...

«Pas de comédies de salon, mais la farce, la charge parodique extrême. Humour, oui, mais avec les moyens du burlesque. Un comique dur, sans finesse, excessif...

« Je puis dire que mon théâtre est un théâtre de dérision. Ce n'est pas une certaine société qui me paraît dérisoire. C'est l'homme... »

Composés à la demande d'un professeur, Michel Benamou, les *Exercices* ont été publiés, en 1969, dans un ouvrage intitulé *Mise en train* et destiné, effectivement, à des étudiants américains.

Étape 1
Découverte du texte

1. Le titre de la pièce peut surprendre. Pourquoi ?

2. Parcourez rapidement les quatre textes en vous intéressant aux titres et aux personnages. Comprenez-vous mieux, maintenant, le titre de la pièce ? Justifiez votre réponse.

Étape 2
Exploration du texte

Lisez les sketches, puis parcourez-les une seconde fois en cherchant des réponses aux questions suivantes :

L'appel

1. Où se passe la scène ? Quelle est la situation ?
2. Qu'est-ce qui est étrange dans le comportement du professeur ?
3. Ce cours ressemble-t-il à un vrai cours ? Pourquoi ?

Avoir ou ne pas avoir quelque chose

1. D'après vous, est-ce que les personnages pensent ce qu'ils disent ?
2. Observez bien les différentes phrases du texte : ne trouvez-vous pas qu'elles se ressemblent presque toutes ?
3. Quel est le sujet du sketch ? Le titre donne-t-il une indication ?

Divers

1. Pourquoi, selon vous, Ionesco a-t-il intitulé ce sketch *Divers*?
2. Cette fois encore, le comportement des élèves et du professeur vous paraît-il normal?
3. Ce texte est peut-être simplement construit autour de quelques points de grammaire : lesquels? Donnez quelques exemples.

Agence de voyages

1. Dès le début (l. 86 à 90), qu'est-ce qui paraît étrange dans la réaction de l'employé?
2. Son comportement évolue tout au long de la scène : pouvez-vous noter les différentes étapes de cette évolution (l. 86 à 90, 94 à 107, 109 à 141, 148 à 154)?
3. Que pensez-vous du comportement du client et des questions qu'il pose?

Étape 3
Réflexion sur le texte

1. En quoi ces *Exercices* de Ionesco ressemblent-ils à des leçons de français pour étudiants étrangers?

2. En quoi sont-ils différents?

3. Vous avez l'intention de mettre en scène ces *Exercices* : présentez-les aux comédiens qui les joueront.

Étape 4
Interprétation du texte

1. Imaginez différentes manières de jouer chaque sketch en variant les situations, les personnages, les décors, les voix, les jeux de scène, les costumes, etc.

2. Vous paraît-il possible de jouer les quatre sketches à la

suite, de manière à faire un seul spectacle? Comment imaginez-vous ce spectacle?

3. On peut aussi imaginer que des acteurs jouent des rôles muets : quels personnages? dans quel sketch? que font-ils?

4. Écrivez des textes dans le genre des *Exercices*, en créant d'autres situations, d'autres personnages...

Agence de voyages, **lignes 83 à 154**
— Deux interprétations différentes.
— Étude comparée des deux versions.
— Exercices de diction.
— Propositions pour d'autres interprétations.

Au théâtre
comme au théâtre

Itinéraire de lecture

L'auteur

Né en 1941, **François Servais** est le plus jeune de nos quatre auteurs. Son œuvre comprend une quinzaine de pièces de théâtre — *Auguste président* (1981), *Chute libre* (1982), *Une fin de semaine très ordinaire dans des paysages variés* (1985) — publiées, comme ses textes poétiques, sous le nom de Yoland Simon.

Par son souci de faire entendre des personnes à la parole vivante, plutôt que des personnages au discours attendu, François Servais appartient à l'école du « théâtre du quotidien », un théâtre qui, selon lui, « nous montre des êtres semblables à nous-mêmes : ni des héros, ni des pantins, des individus qui cherchent leur voie et leur voix dans l'univers compliqué des hommes. »

Préoccupé par la question de la vérité théâtrale, qu'il pose de manière divertissante dans *Au théâtre comme au théâtre*, François Servais se fait le défenseur d'un théâtre de la parole :

« Pour moi, l'action théâtrale progresse par la parole, et celle-ci est à la fois la communication à établir et le plaisir de dire… Il faut donner à la parole théâtrale son véritable statut. Ne pas la réduire au parler, au socialement reconnu, au paraître… On sait maintenant que tout peut devenir parole, l'hésitation, le bégaiement, comme l'alexandrin qui chante dans nos mémoires... Le théâtre peut mettre à jour ce qui, dans la vie, n'accède pas au statut de la parole : la pensée, les souvenirs... »

Étape 1
Découverte du texte

1. Lisez les lignes 1 à 5, puis parcourez rapidement le texte en essayant de repérer les différents personnages de la pièce. Où se passe la scène ? N'y a-t-il pas un curieux mélange de personnages ?

2. Lequel paraît être le personnage principal ? Justifiez votre réponse.

3. A partir de ces quelques observations sur le texte, quelle histoire imaginez-vous ?

Étape 2
Exploration du texte

Lisez la pièce, puis parcourez-la une seconde fois en cherchant des réponses aux questions suivantes :

1. Au début (l. 6 à 38), quelles sont les réactions des clients en face du Fou ?

2. A quel moment leur attitude commence-t-elle à changer ? Pourquoi ?

3. Lorsqu'ils deviennent des personnages de théâtre, les clients se prennent au jeu et réagissent en fonction de leur rôle. Montrez-le en étudiant tout particulièrement les lignes 74 à 84, 128-129, 152-153, 165 à 172, 178-179, 184 à 190, 197-198, 208 à 264, 277 à 284.

4. En quoi la Jeune fille est-elle différente des autres personnages ? Pourquoi son rôle est-il important ?

5. La scène entre Arlequin et Lisette (l. 207 à 253) vous paraît-elle comique ? tragique ? les deux à la fois ?

6. Cette scène est sans doute la plus importante de la pièce : pourquoi ?

7. Dans la pièce de François Servais, la vie réelle et le théâtre se mêlent continuellement : pouvez-vous donner des exemples ?

8. *Au théâtre comme au théâtre* contient de nombreuses allusions littéraires : lignes 191 à 195, 200 à 206, 270-271, 274 à 282, 295-296. Pouvez-vous les préciser ?

Étape 3
Réflexion sur le texte

1. Comparez l'histoire que vous aviez imaginée (Étape 1, question 3) et la pièce que vous avez lue.

2. Quel est, selon vous, le sujet de la pièce ?

3. Réflexions sur le théâtre et réflexions sur la vie : en quoi les propos du Fou sont-ils désespérés ?

4. Cette pièce vous paraît-elle gaie ou triste ?

5. Le titre, *Au théâtre comme au théâtre*, est calqué sur une expression connue : « A la guerre comme à la guerre ». Cherchez le sens de cette expression et dites comment vous comprenez le titre de la pièce de François Servais.

Étape 4
Interprétation du texte

1. Faites la liste des personnages.

2. Quels sont ceux qui vous plaisent ? Quels sont ceux qui vous déplaisent ? Quel est celui dont vous aimeriez jouer le rôle ? Donnez les raisons de vos choix.

3. Comment imaginez-vous chaque personnage : son âge, son allure, sa voix, son costume, sa manière de jouer, etc. ?

4. N'y a-t-il pas plusieurs manières de jouer le rôle du Fou ? Pouvez-vous en imaginer quelques-unes ?

5. Au début de la pièce, l'auteur précise : « On peut imaginer des clients silencieux. » Que peuvent-ils faire pour participer à la représentation et jouer, avec le patron, un rôle muet ?

 Lignes 6 à 76
— Deux interprétations différentes.
— Étude comparée des deux versions.
— Exercices de diction.
— Propositions pour une autre interprétation.

Itinéraires de lecture
corrigés

Le style enfantin

Étape 1

1. Un monsieur, une dame (mari et femme), une employée du métro, un docteur, un contrôleur... On peut imaginer une histoire qui se passe dans le métro (ils sont dans la même voiture ? sur le même quai ?) ou chez le docteur (ils sont dans la salle d'attente ?).

2. Un petit garçon de huit ou neuf ans — Les parents du petit garçon et quelques-uns de leurs amis — Devant le petit garçon et quelques jeunes invités.

3. Trois — I. A la maison, le matin. II. Au métro, le matin, un peu plus tard. III. A la maison, le soir.

4. I. Madame, Monsieur. II. Monsieur, la Dame du métro. III. l. 93 à 212 : Madame, Monsieur, puis le Docteur, puis la Dame du métro — l. 213 à 235 : Monsieur, la Dame du métro, puis Madame — l. 236 à 313 : Monsieur, Madame, puis le Docteur, puis la Dame du métro — l. 314 à 322 : Monsieur, Madame.

5. Ce sont les indications scéniques données par l'auteur : entrées et sorties de personnages, jeux de scène, gestes, mimiques, manières de parler, bruitages.

Étape 2

1. Répliques banales : lignes 26, 30, 40, 42-43, 49-50, 57 à 61, 70, 80-81, 83 à 87, 90-91, 96 à 98, 104 à 106, 121 à 125, 128, 130-131, 140-141, 146 à 148, 150 à 153, etc.
   Répliques étranges : lignes 27, 29 à 34, 39, 41, 46, 51-52, 55-56, 64-65, 73-74, 82, 88-89, 101 à 103, 110-111, 132, 142, 149, 154 à 159, etc.

2. Le départ pour le bureau — le voyage en métro — l'invitation à dîner — la maladie — la préparation du dîner — la visite du docteur — l'arrivée d'un invité — les discussions entre époux.

3. Le faux malade — le médecin ridicule — la scène d'amour — la scène de ménage — la substitution de personnages (deux personnages échangent leurs rôles) — l'apparition de la Mort.

4. Tout au long de cette pièce pleine de fantaisie, les éléments comiques et les éléments enfantins, étranges, poétiques se succèdent et se mêlent. Cette succession et ce mélange font du *Style enfantin* un bien curieux spectacle. Par exemple, le <u>sujet</u> de la pièce est l'histoire d'un médecin, victime d'un faux malade et d'une fausse employée du métro. Mais c'est aussi l'histoire d'un enfant qui écrit une pièce et qui la fait jouer par ses parents. <u>Situations</u> de farce : le vrai médecin auscultant un faux malade ; la scène d'amour entre Monsieur et la Dame du métro, interrompue par l'arrivée de Madame... Mais aussi, <u>situations</u> étranges, plus poétiques : Monsieur et la Dame du métro parlant cuisine sur le quai ; Monsieur et Madame jouant à préparer le repas. <u>Jeux de scène</u> comiques : Monsieur dans son fauteuil à roulettes ; Monsieur tirant la langue, puis montrant ses pieds ; Madame mettant la Mort à la porte... Mais aussi, <u>jeux de scène</u> enfantins : un bout de papier à la place d'une montre ; le passage du chef de train ; des objets à la place des légumes ; le Docteur et Madame arrivant la main dans la main. Enfin, <u>répliques</u> amusantes : l. 27 à 29, 32, 38 à 41, 154-155, 165 à 171, 217 à 223.. Mais aussi, <u>répliques</u> naïves, plus troublantes : l. 35 à 37, 46, 51-52, 55-56, 64-65, 71 à 74, 82, 88, 101 à 103, 110-111, 116 à 119... Bien entendu, ces propositions de réponses peuvent être discutées et doivent être complétées.

Étape 3

1. Y a-t-il des points communs entre les deux histoires ? Laquelle des deux préférez-vous ? Pourquoi ?

2. L'auteur est supposé être un enfant. Les personnages se comportent et s'expriment comme des enfants qui jouent. La pièce peut être interprétée de façon enfantine.

3. « Esquisse » signifie : premier tracé, grandes lignes (d'un dessin, d'une œuvre). On peut effectivement considérer que cette pièce ressemble plus à une esquisse qu'à une œuvre achevée. Les événements se succèdent rapidement tout au long de la journée, sans lien les uns avec les autres. Les personnages ne paraissent pas vraiment réels : ils agissent et parlent mécaniquement. Mais cette légèreté, ce détachement, cette vivacité font tout le charme et l'humour du *Style enfantin*.

4. Ils sont ridicules lorsqu'ils ont l'air de prendre au sérieux leur exis-
tence, faite de propos naïfs et de gestes puérils. Ils sont ridicules lorsqu'ils
jouent leur vie de manière caricaturale et mécanique. Ils sont ridicules
dans leurs réactions les plus naturelles : voyez, par exemple, la lâcheté
des deux hommes face aux deux femmes autoritaires. Il a donc suffi
de changer quelques mots et quelques gestes pour que la vie de tous
les jours nous paraisse soudain moins respectable...

Étape 4

1. La pièce peut être jouée au théâtre, à la télévision ou à la radio (vous
pourrez donc la dire à plusieurs, tout simplement, et l'enregistrer pour
la faire entendre). Le texte peut être considéré comme un texte sérieux
ou comme un texte naïf. Dans le premier cas, on l'interprétera de
manière enfantine ; dans le second, de manière sérieuse.

2. Si l'on ne sait pas que la pièce a été écrite — en principe — par un
enfant et que les deux personnages principaux sont ses parents, on ne
peut ni comprendre la pièce, ni en apprécier les aspects poétiques et
satiriques. Le texte de présentation nous invite à regarder la pièce à
la fois en spectateur et en enfant.

3. L'auteur de la petite comédie que voici est supposé être un petit garçon de huit ou neuf ans. Sa pièce, il l'a écrite avec toutes les naïvetés
de son âge. Mais comme il est despotique avec ses parents, il leur a
demandé de la jouer, devant lui, avec quelques-uns de leurs amis. Ainsi,
l'auteur-enfant verra les grandes personnes échanger ses répliques avec
le plus parfait naturel. Que vaut-il... etc.

4. Texte sérieux joué naïvement ou texte naïf joué sérieusement : la mise
en scène, les décors, les costumes, l'interprétation dépendront du choix
que vous ferez. Toutes les fantaisies sont permises, mais n'oubliez pas
que le comique et l'originalité de la pièce reposent sur des effets de
contrastes : entre les personnages et ce qu'ils disent, entre ce qu'ils
disent et la manière dont ils parlent.
Par exemple, les personnages peuvent apparaître comme des bourgeois
sérieux (A), comme des caricatures (B) ; ils peuvent se conduire de
manière convenable, un peu solennelle (C), de manière ridicule, avec
des gestes exagérés (D) ; ils peuvent parler normalement, d'une voix
posée (E), drôlement, sur un ton enfantin (F). Voici donc quelques
propositions de mise en scène : ACE - ADF - ACF - BCE - BDF - BCF.
Choisissez...

5. Les spectateurs doivent voir les enfants. Ceux-ci seront assis au fond
    de la scène ou sur les côtés. Ils pourront se comporter comme... des
    enfants au spectacle, mais sans parler. On peut imaginer qu'ils rient,
    se poussent du coude, se disent quelques mots à l'oreille, se dépla-
    cent... Tout cela discrètement !

6. Des bouts de papier, une trompette d'enfant, un fauteuil à roulettes,
    des couvertures, une chaise, un verre, une table, du papier, un stylo,
    un crayon, une paire de lunettes, un mouchoir, une couronne de fleurs,
    trois pancartes annonçant le lieu de l'action.

La pluie

Étape 1

1. Deux. Non. UN et DEUX.

2. Non. Il s'agit d'un dialogue, sans aucun événement extérieur, mais
    nous sommes libres d'imaginer des jeux de scène pour les deux per-
    sonnages.

3. Il s'agit sans doute d'une conversation sur la pluie... Une conversa-
    tion un peu bizarre, peut-être (*Diablogues* : dialogues/diable), très
    libre, aussi (*inventions*). Enfin, une pièce qui n'est pas forcément jouée
    sur une scène (*à deux voix*).

Étape 2

1. Lignes 41-42, 88, 96, 99, 102, 111-112, 119, 121, 139, 147 à 153,
    159, 169, 186 à 189, 193, 207, 219-220.

2. Il annonce qu'il ne supporte pas la pluie. Il avoue qu'il a honte d'être
    peureux. En apparence, aucun.

3. Je n'aime pas me promener sous la pluie, parce que ça me gêne d'être
    mouillé. Surtout quand je suis habillé. Tout nu, ça ne me gênerait
    pas, mais je ne peux pas me promener tout nu sous la pluie, à cause
    de la police. C'est aussi à cause de la police que je ne peux pas me
    promener tout nu quand il fait beau. En fait, j'ai toujours peur de
    la police. Quand elle est là et quand elle n'est pas là. Je suis peureux,
    tout simplement. Je ne l'ai pas dit, parce que j'ai honte d'être peureux.

4. DEUX. Lignes 9-10, 19 à 21, 36-37, 149 à 154, 158 à 160, 215-216,
    218. Mais c'est UN qui a le dernier mot !

5. L. 111 : Certainement. Mais, si elle ne mouillait pas, je ne pourrais
    pas me promener dessous, parce qu'elle n'existerait pas. L. 116 : Non !
    Ce qui me gêne, c'est d'être mouillé par la pluie quand je me pro-
    mène. L. 133-134 : En ceci, que la douche, c'est moi qui ai décidé
    de la prendre pour me laver et que je suis dans ma salle de bains.
    L. 147-148 : Je suppose que ce n'est pas agréable, puisque personne
    ne le fait. L. 161 à 166 : La police, je ne la crains pas continuellement.
    Je la crains seulement quand j'ai l'impression d'être en faute. L. 172 :
    Si. Personne ne se promène tout nu dehors, même quand il fait beau.
    Je n'ai pas envie de me faire remarquer ou de choquer mes voisins.
    L. 181-182 : Non. Je vous l'ai déjà dit : la police ne me fait peur que
    lorsque je crains d'avoir commis une faute. L. 195-196 : Oui. J'ai peur
    de la police lorsque je suis en faute. L. 209 : Ce n'est pas de vous que
    j'ai peur, c'est du bruit. L. 217 : Je ne suis pas différent des autres :
    je crains parfois la police et je sursaute lorsque j'entends un bruit violent.

Étape 3

1. Réponse libre, mais... n'oubliez pas que la pièce doit être dite ou jouée.
    Le comique peut venir à la fois du texte — une succession de
    sophismes — et des personnages — la manière dont ils réagissent, les
    rapports qu'ils ont entre eux.

2. On peut trouver UN sympathique, touchant, assez drôle et DEUX
    déplaisant, grossier, autoritaire, agressif, prétentieux, sadique... Mais
    on peut aussi trouver UN énervant, faible, pitoyable, un peu bête et
    DEUX amusant, rusé, fort, intelligent...

3. Le mot *Diablogues* paraît convenir à ce dialogue plein de fantaisie,
    où l'on joue avec les mots de manière... diabolique. *Inventions à deux
    voix* : les deux personnages ont l'air de bavarder librement, d'inven-
    ter, d'improviser sur le thème de la pluie. Dans cet échange vocal, ils
    se répondent et se complètent comme se répondent et se complètent
    les lignes mélodiques des *Inventions à deux voix* de Bach.

4. — *Je n'aime pas les petits pois.*
    — *Pourquoi ?*
    — *Je n'aime pas le goût... Je trouve que c'est trop sucré...*
    — *Les pommes de terre aussi, c'est un peu sucré. Tu en manges...*

*— Peut-être... oui... mais les petits pois... je ne sais pas... c'est tout
petit... c'est désagréable à manger...*
— Alors, tu n'aimes pas les petits pois parce que c'est trop petit !
Etc.
Une autre conversation pourrait commencer par :
— Je n'aime pas mon prof de maths !
et finir par :
— En réalité, c'est l'école que tu n'aimes pas.
Ou bien :
— Je n'aime pas les sorties du samedi soir !
...
— Si je comprends bien, c'est moi que tu n'aimes pas.

Étape 4

1. D'après le texte, on devine qu'il s'agit de deux hommes. Mais pourquoi ne pas imaginer qu'il s'agit d'un homme et d'une femme ou
   de deux femmes ?

2. Propositions : une conversation dans un restaurant ou un café — un
   interrogatoire de police — dans le cabinet d'un psychanalyste — dans
   un confessionnal — deux clochards sur un banc — deux clowns ou
   deux personnages comiques — deux « philosophes » vêtus de noir qui
   arpentent la scène de long en large en discutant gravement — deux
   personnages indéfinis, un peu irréels, vêtus d'une sorte de tunique,
   numérotés 1 et 2 — deux personnages dont on ne voit que la tête —
   deux personnages masqués — deux masques d'où sortent deux voix —
   une belle-mère et son futur gendre — deux passants anonymes, avec
   manteau, cache-nez et chapeau — deux joueurs de ping-pong ou de
   tennis — deux employés de bureau face à face — deux ménagères de
   retour du marché — un professeur et un élève — deux voix « se dépla-
   çant » sur la scène — etc.

3. Tout dépend de la situation que vous aurez choisie. Il peut s'agir de
   clients, de spectateurs, de passants qui s'arrêtent un instant, de voi-
   sins curieux, de supporters, de collègues, de témoins. Ils pourront suivre les répliques comme on suit les échanges au cours d'un match de
   tennis ; se regrouper autour de UN et DEUX comme des badauds ;
   réagir discrètement ; se montrer indifférents ; participer à un jeu de
   scène (essayer de les interrompre, par exemple). On peut imaginer un
   arbitre comptant les points...

4. Lignes 9 à 34, 54 à 107, 222 à 240.

Exercices de conversation et de diction françaises pour étudiants américains

Étape 1

1. Il ressemble plus à un titre de livre scolaire qu'à un titre de pièce de théâtre.

2. Il s'agit d'un ensemble de 4 sketches qui ressemblent à des leçons de français : situations de classe et sujets habituels des cours de langue (l'appel, le professeur et les élèves, le verbe avoir, à l'agence de voyages).

Étape 2
L'appel

1. En classe. Le professeur vient d'entrer dans la salle.
2. Il est dans la lune. Il pense tout haut.
3. Le professeur est bizarre. La leçon ne comporte qu'une question. Le cours ne dure que quelques minutes.

Avoir ou ne pas avoir quelque chose

1. Ils ont l'air de faire des phrases de manière mécanique, sans s'occuper du sens de ce qu'ils disent.
2. Elles sont toutes construites avec le verbe « avoir ».
3. C'est une sorte d'exercice de grammaire sur le verbe « avoir ». Le titre semble indiquer : « Verbe ''avoir'' - forme affirmative et négative ». On pourrait intituler ce sketch : « Inventions à trois voix sur le verbe ''avoir'' » !

Divers

1. Parce que les personnages — ou l'auteur ! — abordent différents sujets. C'est un véritable mélange qui nous est offert !
2. Chacun semble suivre son idée et fabriquer des phrases sans s'occuper de ce que disent les autres.
3. Constructions avec l'infinitif : doit faire, doit arriver, que signifie arriver, dû attendre, avant d'entrer, etc. — l'expression du temps : à l'heure, trop tôt, trop tard, en avance, etc. — les adverbes : vite, trop, souvent, toujours, bien, bon, etc.

Agence de voyages

1. Il a l'air de vouloir se débarrasser de sa marchandise. Est-il fou ou se moque-t-il du client ?
2. Il est bizarre, un peu trop enthousiaste ; il devient méfiant et illogique, puis buté et brutal ; enfin franchement fou et inquiétant.
3. Il reste calme et correct. Il est plein de bonne volonté puisqu'il est prêt à aller n'importe où, n'importe comment. Son comportement, un peu étrange lui aussi, contraste avec celui de l'employé fou et paraît comique.

Étape 3

1. Par les situations et les titres des sketches — Par la longueur des textes — Par l'importance accordée au vocabulaire et à la grammaire — Par un certain ton pédagogique.

2. Ionesco n'a pas pris son travail de professeur de français au sérieux : il traite les sujets avec la plus grande fantaisie, ses personnages ne croient pas à ce qu'ils disent, ils donnent même l'impression de dire n'importe quoi... Mais ne sont-ils pas plus drôles que ceux des leçons traditionnelles ?

3. Des exercices de conversation composés par Ionesco, qui sont, en principe, des « leçons de français », mais qui se présentent comme des sketches pleins d'humour et de fantaisie... et faciles à jouer !

Étape 4

1. N'oubliez pas que Ionesco recherche la bouffonnerie. Ne craignez pas la caricature dans les décors, les costumes ou les manières de jouer. Mélangez les genres et les époques, s'il le faut. Par exemple : professeur enfant et élèves très âgés — acteurs vêtus de manière très différente (hiver/été, époques ou pays variés) — acteurs portant des masques (d'animaux ?) — élèves chargés de matériel scolaire gigantesque (gommes énormes, crayons interminables...) — professeur et élèves en uniforme parlant et se comportant comme des automates — employé voyou et client bourgeois — l'employé n'est qu'une voix qui sort du guichet — l'employé se transforme peu à peu jusqu'à devenir... le diable, etc.

2. D'abord, imaginer un décor facile à transformer : grâce aux tables, aux chaises et au tableau, la classe pourra devenir une agence de voyages. Des pancartes aideront les spectateurs à comprendre ! Les mêmes

acteurs pourront jouer les différents sketches : ils n'auront qu'à changer un élément de leur costume. Un acteur annoncera les sketches.

3. Des élèves pour les sketches qui se déroulent dans une salle de classe ;
    d'autres clients à l'agence de voyages. Tous ces rôles peuvent être joués
    par les mêmes acteurs. Les jeux de scène sont très faciles à imaginer :
    nous avons tous été, un jour, élève, client, curieux.

4. Si vous manquez d'idées, feuilletez un manuel pour l'apprentissage
    du français !

Au théâtre comme au théâtre

Étape 1

1. Dans un café. Oui : on y trouve une jeune fille et des clients, mais
    aussi un Fou, un Roi, une Reine, un Chambellan, une Suivante et une
    Servante, venus sans doute du Palais. On remarque également une Ingé-
    nue, Arlequin et Lisette, sortis tout droit de leur théâtre.

2. Le Fou : c'est lui qui parle le plus.

3. L'histoire sera sans doute différente, selon que le café s'appellera Café
    des Amis, Café du Palais, Café du Théâtre ou... Café de l'Asile !

Étape 2

1. Ils sont choqués par sa présence. Ils aimeraient le voir sortir.

2. Lorsqu'il leur donne un rôle (l. 49, 99, 103, 112). Parce qu'il s'est
    intéressé à eux, qu'ils sont devenus importants grâce à lui et qu'ils se
    prennent au sérieux.

3. Le Roi s'affirme comme le premier personnage du royaume ; la Reine
    méprise le Fou ; le Premier chambellan se moque du Fou ; le Roi et
    le Premier chambellan règlent sérieusement une querelle de palais ;
    la Suivante et la Servante tiennent à occuper la place qui leur revient ;
    chacun exprime les goûts correspondant à sa fonction ; le Premier cham-
    bellan se fait le représentant de la morale, la Suivante défend l'amour ;

Arlequin et Lisette sont amoureux, l'un timide, l'autre plus fine ; la Servante a une âme simple, le Chambellan, un esprit pratique et la Suivante, un cœur tendre. La Reine voit les choses de plus haut.

4. Elle a l'esprit plus clair. Elle est plus raisonnable. Elle ne se prend pas au jeu. Dans la mesure où elle reste lucide, elle s'oppose au Fou, l'oblige à s'expliquer et fait avancer l'action. Ainsi, elle joue un rôle dramatique fondamental.

5. Comique : Arlequin hésite, s'embrouille et se perd dans des histoires d'odeur tout à fait ridicules.
   Tragique : il est clair qu'Arlequin ne pourra jamais s'expliquer et que les deux jeunes gens ne seront jamais réunis.

6. Les personnages attendent beaucoup de cette scène entre Arlequin et Lisette. Elle devrait montrer que l'amour et la liberté existent, au théâtre comme dans la vie. « Mais, ce n'est pas si simple », dit le Fou. Et la scène démontre le contraire. Chacun a perdu ses illusions et personne n'a plus envie de discuter. Scène capitale, donc.

7. Les personnages sont à la fois des clients et des personnages de théâtre. Ils deviennent spectateurs de la scène entre Arlequin et Lisette. Le Fou, personnage de théâtre comme les autres et metteur en scène, reste cependant extérieur. Il fait des rapprochements entre le théâtre et la vie (l. 39 à 46, l. 180 à 186, l. 287 à 298). Lorsque la Suivante demande, à la fin : « Que va-t-il nous arriver ? », est-ce le personnage qui parle ou la cliente ? Enfin, le patron, image de la vie réelle, nous rappelle que la scène ne se déroule ni au Palais, ni au théâtre, mais dans un café.

8. Chimène : *Le Cid*, Corneille ; Cyrano : *Cyrano de Bergerac*, Rostand ; Margot : *Après une lecture*, Musset ; Arlequin et Lisette : *Le Jeu de l'amour et du hasard*, Marivaux ; Don Juan : *Dom Juan*, Molière ; l. 274 à 282 : *On ne badine pas avec l'amour*, Musset ; Juliette-Roméo : *Roméo et Juliette*, Shakespeare. Sans oublier le Fou : *Le Roi Lear*, Shakespeare ou *Le Roi s'amuse*, Hugo.

Étape 3

1. Y a-t-il des points communs entre les deux histoires ? Laquelle des deux préférez-vous ? Pourquoi ?

2. On peut découvrir plusieurs sujets sous forme de questions : Le théâtre est-il le reflet de la vie ? Sommes-nous des personnages de théâtre ? Les personnages de théâtre sont-ils libres ? La vérité est-elle au théâtre ou dans la vie ? La vie est-elle une comédie ? Rêvons-nous de porter un

masque ? etc. On peut aussi considérer que François Servais a simplement voulu composer un divertissement théâtral sur le thème... du
théâtre.

3. Relisez les lignes 125 à 139 : le Fou n'a pas une très haute idée des
    hommes... ni de lui-même. Lignes 141 à 161 : le Fou est le seul à dire
    la triste vérité et personne ne le croit. Lignes 269 à 281 : les personna-
    ges de théâtre sont condamnés à jouer leur rôle, à subir leur destin.
    Lignes 287 à 300 : nous sommes aussi prisonniers de notre rôle que
    les personnages de théâtre ; pour eux, comme pour nous, l'amour est
    impossible ou malheureux...

4. On peut tirer de cette pièce une leçon grave, peut-être attristante et,
    cependant, en faire une pièce amusante, alerte dont les personnages
    sont, avant tout, comiques. On peut aussi se réjouir de la sottise et
    de la vanité des hommes...

5. Le titre pourrait signifier : « Au théâtre, il faut satisfaire les exigences
    du théâtre », jouer le jeu, en quelque sorte — ou bien : « Nous faisons
    du théâtre partout comme au théâtre ».

Étape 4

1. Le patron ; le Fou ; la Jeune fille/l'Ingénue/Lisette ; un client/le Roi ;
    un client/le Premier chambellan ; une cliente/la Reine ; une cliente/la
    Suivante ; une cliente/la Servante ; un client/Arlequin ; quelques clients.

2. On peut aimer un personnage et ne pas vouloir jouer son rôle. Et vice
    versa...

3. N'oubliez pas que les personnages sont d'abord clients, puis person-
    nages de théâtre. Ils pourront changer de voix, de manière d'être, de
    costume, peut-être (le Fou peut donner à chacun un vêtement : une
    cape, un châle, une casquette, un tablier). On peut imaginer de nom-
    breux jeux de scène à partir de cette transformation. Par exemple, les
    personnages peuvent, un instant, redevenir clients, en reprendre la voix
    et l'allure, comme une machine qui se détraque. Le crime serait de
    ne pas jouer cette pièce comme une comédie.

4. Le Fou est-il vieux ? jeune ? gai et moqueur ? cruel ? mélancolique ?
    A-t-il la voix grave ? douce ? assurée ? sifflante ? Attention : par la
    manière dont il joue, le Fou donne son sens à la pièce.

5. Les clients silencieux et le patron doivent jouer un rôle discret. Ils ren-
    dent le décor vivant en se conduisant comme de vrais clients qui

consomment et un vrai patron qui sert. Ils pourront participer à des jeux de scène, manifester leur intérêt, leur indignation, leur indifférence, s'asseoir près des personnages ou, au contraire, s'éloigner d'eux. Un client pourra s'accouder au bar et communiquer silencieusement avec le patron.

Table

Imprimé en France par Pollina, 85400 Luçon - n° 9982
Dépôt légal n° 8548 - 04 - 1988 — Collection 03 — Edition 01
15/4722/3